Kohlhammer

Der Autor

Helmolt Rademacher, Dipl.Päd., ehem. Lehrer, Lehrerausbilder und Projektleiter beim Hessischen Kultusministerium zum Themenfeld »Gewaltprävention und Demokratielernen«, derzeit Co-Vorsitzender des hessischen Landesverbandes der Deutschen Gesellschaft für Demokratiepädagogik.

Helmolt Rademacher

Konfliktkultur in der Schule entwickeln

Wie Demokratiebildung gelingt

Verlag W. Kohlhammer

Ich widme dieses Buch Wolfgang Edelstein (*1930 bis +2020), der mich mit seinen demokratiepädagogischen Ideen und seiner menschlichen Haltung sehr inspiriert hat

Dieses Werk einschließlich aller seiner Teile ist urheberrechtlich geschützt. Jede Verwendung außerhalb der engen Grenzen des Urheberrechts ist ohne Zustimmung des Verlags unzulässig und strafbar. Das gilt insbesondere für Vervielfältigungen, Übersetzungen, Mikroverfilmungen und für die Einspeicherung und Verarbeitung in elektronischen Systemen.

Die Wiedergabe von Warenbezeichnungen, Handelsnamen und sonstigen Kennzeichen in diesem Buch berechtigt nicht zu der Annahme, dass diese von jedermann frei benutzt werden dürfen. Vielmehr kann es sich auch dann um eingetragene Warenzeichen oder sonstige geschützte Kennzeichen handeln, wenn sie nicht eigens als solche gekennzeichnet sind.

Es konnten nicht alle Rechtsinhaber von Abbildungen ermittelt werden. Sollte dem Verlag gegenüber der Nachweis der Rechtsinhaberschaft geführt werden, wird das branchenübliche Honorar nachträglich gezahlt.

Dieses Werk enthält Hinweise/Links zu externen Websites Dritter, auf deren Inhalt der Verlag keinen Einfluss hat und die der Haftung der jeweiligen Seitenanbieter oder -betreiber unterliegen. Zum Zeitpunkt der Verlinkung wurden die externen Websites auf mögliche Rechtsverstöße überprüft und dabei keine Rechtsverletzung festgestellt. Ohne konkrete Hinweise auf eine solche Rechtsverletzung ist eine permanente inhaltliche Kontrolle der verlinkten Seiten nicht zumutbar. Sollten jedoch Rechtsverletzungen bekannt werden, werden die betroffenen externen Links soweit möglich unverzüglich entfernt.

1. Auflage 2021

Alle Rechte vorbehalten
© W. Kohlhammer GmbH, Stuttgart
Gesamtherstellung: W. Kohlhammer GmbH, Stuttgart

Print:
ISBN 978-3-17-037635-9

E-Book-Formate:
pdf: ISBN 978-3-17-037636-6
epub: ISBN 978-3-17-037637-3

Inhalt

Einleitung und Danksagung 9

1 Aktuelle gesellschaftliche Phänomene und Herausforderungen im Kontext von Schule 13

1.1	Corona und die Folgen	14
1.2	Verschwörungsideologien	17
1.3	Antisemitismus	18
1.4	Rassismus	23
Exkurs: Abgrenzung von Antisemitismus und Rassismus		25
1.5	Gruppenbezogene Menschenfeindlichkeit	26
1.6	Demokratiefeindlichkeit/Populismus	27
1.7	Politikverdrossenheit	29
1.8	Extremismus	30
1.8.1	Rechtsextremismus	31
1.8.2	Islamistischer Extremismus	36
1.8.3	Linksextremismus	40
1.9	Gewalt an Schulen/Mobbing	41
1.10	Gewalt im Internet/Cybermobbing	43
1.11	Sexualisierte Gewalt	44
1.12	Gewalt gegen Lehrkräfte	46
1.13	Störungen im Unterricht	47
1.14	Sucht und andere Formen der Gesundheitsschädigungen	48
1.15	Globalisierung	50

2	**Grundsätzliche Strategien der Bewältigung**	**52**
2.1	Menschenrechtsbasiertes Miteinander auf der Grundlage der Kinderrechte	53
2.2	Demokratiebildung/Demokratiepädagogik	59
Exkurs: Zum Verhältnis von Demokratiepädagogik und politischer Bildung und Prävention		67
2.3	Schulkultur und Haltung	68
2.4	Interkulturelles und transkulturelles Lernen	73
2.5	Konstruktive Konfliktbearbeitung und Mediation	76
2.6	Demokratische Schulentwicklung	82
2.6.1	Zur Bedeutung demokratischer Schulentwicklung	82
2.6.2	Was ist Schulentwicklung	83
2.6.3	Instrumente demokratischer Schulentwicklung	87
3	**Handlungsoptionen in der Schule**	**91**
3.1	Der Klassenrat	91
3.2	Dialogverfahren	94
3.3	Dilemma-Dialoge	97
3.4	Demokratietraining	98
3.5	SV-Arbeit und andere Formen der Schülerpartizipation	100
3.6	Diskursive Verfahren: Just Community, Deliberation, Jugend debattiert	103
3.7	Kooperatives Lernen	104
3.8	Peergroup-Education (PGE)	105
3.9	Schüler-Feedback und partizipative Formen der Leistungsbeurteilung	107
3.10	Lions-Quest-Programm »Erwachsen handeln«	109
3.11	Projektlernen	109

3.12	Soziales Lernen als Prävention	110
3.13	Lernen durch Engagement – Service Learning	112
3.14	Förderprogramme und Ausschreibungen	114
3.14.1	Das Förderprogramm Demokratisch Handeln	114
3.14.2	Der Deutsche Schulpreis	116

4	**Unterstützungsangebote**	**118**
4.1	Corona-Pandemie sowie Verschwörungsideologien	118
4.2	Antisemitismus	120
4.3	Antiziganismus	123
4.4	Beratungsstellen Rassismus in Schulen	124
4.5	Hass im Netz	125
4.6	Rechtsextremismus	126
4.7	Islamistischer Extremismus	127
4.8	Gewaltprävention/Mobbing-Intervention	129
4.9	Medienkompetenz und Umgang mit Cybermobbing	133
4.10.	Sexuelle Gewalt	133
4.11.	Globalisierung	134
4.12.	Demokratiebildung in der Lehrkräftebildung	134
4.13	Bundesweite Strukturen Demokratielernen	135
4.14	Deutsche Gesellschaft für Demokratiepädagogik (DeGeDe) und Makista	137
4.15.	MOOC (Massive Open Online Course Demokratiebildung)	138

5	**Methodenteil**	**140**
5.1	Nicht-verletzende Ärgermitteilung	141
5.2	Aktives Zuhören	143

5.3	Glücksfrage oder von Bedürfnissen zum Grundgesetz	146
5.4	Verhältnismäßigkeitsbarometer zu Corona-Maßnahmen	148
5.5	Dilemma Dialog	152

6	**Zusammenfassung und Fazit**	**158**

7	**Anhang**	**161**

1	Thesenpapier zu Demokratiekompetenzen	161
	Demokratiekompetenzen? .... aus der Perspektive von Unterricht und Schule – Ein Thesenpapier von Wolfgang Beutel und Markus Gloe	161
2	Magdeburger Manifest	163
	Magdeburger Manifest	163
3	Fragebögen zum Feedback	167
	Planungsraster zur Erhebung und Auswertung des Feedbacks	167

Literatur		**170**

Einleitung und Danksagung

Als ich vor einiger Zeit von Wilfried Schubarth, einem der Mitherausgeber der Reihe »Brennpunkt Schule« im Kohlhammer-Verlag, gefragt wurde, ob ich ein Buch zu Konfliktkultur in Schule schreiben könne, war noch nicht absehbar, wie einschneidend die Corona-Pandemie sich auf die Schule auswirken würde. Insofern greift dieses Buch diese wie auch etliche andere Phänomene auf, die ihren Niederschlag in der Schule finden. Stand in früheren Jahren das Thema Gewalt in Schulen auf der Tagesordnung, so beunruhigen heute Antisemitismus, Rassismus und Demokratiefeindlichkeit nicht nur Lehrkräfte und Pädagoginnen und Pädagogen. Mobbing ist nach wie vor ein Problem, verschärfend wirken sich aber Cyber-Mobbing sowie Hass und Hetze im Netz aus. Die Globalisierung hinterlässt so auch ihre Spuren in der Schule bei gleichzeitig mangelnder Medienkompetenz und deren Vermittlung in der Schule.

Auch wenn sich negative Auswirkungen gesellschaftlicher Phänomene in der Schule zeigen, so gibt es doch eine große Chance, diesen entgegen zu wirken, denn Schule ist der Ort, an dem nahezu alle Kinder und Jugendliche erreicht werden können.

Die Corona-Pandemie hat Verschwörungsideologen, Leugner und sogenannte Querdenker auf den Plan gerufen, die die Wirklichkeit und deren Komplexität ausblenden und die Unsicherheiten, die nicht nur durch die Klimakrise in der Zukunft absehbar sind, populistisch ausnutzen und das demokratische Gemeinwesen in Frage stellen. Diesen Tendenzen muss sich die Schule entgegenstellen. »Schweigen ist nicht neutral« ist der Titel eines Dossiers des Deutschen Instituts für Menschenrechte. Dieses markiert die Notwendigkeit, auf der Grundlage der Grund-, Kinder- und Menschenrechte überall dort die Stimme zu erheben, wo diese Rechte verletzt werden.

Alte Gewissheiten werden immer wieder in Frage gestellt, die Schule unterliegt einem ständigen Wandel. Das muss nicht als Hindernis, sondern kann auch als Chance gesehen werden. Dazu muss sich Schule diesen ständigen Veränderungen stellen, wie es in einem demokratischen Schulentwicklungsprozess gut gelingen kann. Denn es gilt, schon früh einen demokratischen Habitus (Wolfgang Edelstein) zu entwickeln, um Gesellschaft in diesem Sinne mitzugestalten. Eine Schule sollte dabei sinnliche Räume (Horst Rumpf) anbieten, denn so erst werden Kompetenzen lebendig und können gelebt werden.

Die meisten Schulen – insbesondere in der Mittel- und Oberstufe und deutlich weniger in den Grundschulen – folgen einem Muster von abfragbarem Lehrstoff durch Tests. Philosophisches Denken wird marginalisiert, wie es Edgar Morin (2012) konstatiert. Die Nachhaltigkeit von nur angehäuftem Wissen ist begrenzt. Insbesondere werden oft Fragen, die komplexeres Denken erfordern, nicht erörtert oder nur am Rande gestreift. Primär wird in Schule nicht in Projekten gelernt, die eine umfassende und komplexere Form des Verständnisses von gesellschaftlichen Phänomenen ermöglichen können. Dies zeigt sich beispielsweise beim Thema des Verständnisses der Klimakrise, die es erfordert, naturwissenschaftliche und gesellschaftswissenschaftliche Phänomene gemeinsam zu denken. Auch die Verletzlichkeit der Gesellschaften, wie es sich in der Corona-Pandemie zeigt, erfordert es, in der Schule nicht nur ein Verständnis dafür zu entwickeln, sondern auch zu lernen, mit Ungewissheiten umzugehen. Denn diese werden unser Leben in Zukunft immer mehr bestimmen. In der Praxis der Schule zeigt sich, dass diese Form des Lernens nicht den notwendigen Raum erhält. Auch wurden Kinder und Jugendliche in der Corona-Zeit in der Regel in Hinblick auf das Lernen nicht befragt und daher ihre Bedürfnisse nicht berücksichtigt. Demokratielernen hat in diesem Zusammenhang einen zentralen Stellenwert. Es gibt Anstöße, um ein Bewusstsein für das Verständnis gesellschaftlicher Phänomene zu entwickeln.

Dieses Buch möchte Mut machen, bestehende Ansätze demokratischen Lernens in der Schule zu verstetigen oder sich auf den Weg zu machen, die eigene Institution so zu verändern, dass eine andere Lern- und Schulkultur möglich wird und dann bestehen bleibt. Gute didaktische und methodische Ansätze bestehen bereits und lassen sich in der Praxis u. a. bei den Gewinnern des Deutschen Schulpreises in unterschiedlichen Ausprägungen finden. Sie müssen nur in noch mehr Schulen Einzug halten.

In diesem Buch werden im 1. Kapitel (▶ Kap. 1) die wesentlichen aktuellen Phänomene, die auf Schule wirken, erfasst, beschrieben und analysiert. Im 2. Kapitel (▶ Kap. 2) werden dann wesentliche theoretische Grundlagen beschrieben, mit denen eine Reaktion auf diese Phänomene möglich ist.

Im Praxisteil werden im 3. Kapitel (▶ Kap. 3) konkrete Ansätze und methodische Verfahren referiert, die zu einer gelungenen Schulkultur beitragen. Diese werden im 4. Kapitel (▶ Kap. 4) ergänzt um konkrete Hinweise auf Literatur und Institutionen, die die Schule bei ihren vielfältigen Aufgaben unterstützen können. Schließlich erörtert das 5. Kapitel (▶ Kap. 5) ausgewählte Methoden, die direkt im Unterricht eingesetzt werden können. Den Abschluss bilden eine Zusammenfassung und ein Fazit.

Danksagung

Die Arbeit an diesem Buch wäre nicht möglich gewesen, wenn ich nicht von verschiedener Seite Unterstützung erfahren hätte. Insofern möchte ich mich sehr bei Marion Altenburg-van Dieken bedanken, die mit mir die Konzeption des Buchs erstellt und kritisch die Texte durchgesehen und Anregungen gegeben hat. Ferner bedanke ich mich herzlich bei Christa Kaletsch und Manuel Glittenberg für viele gute Anregungen im 1. Kapitel. Tipps zum Thema sexuelle Gewalt habe ich von Nikola Poitzmann erhalten. Stefan

Rech gab mir wichtige Impulse zum Abschnitt Dialogverfahren im 3. Kapitel. Ganz besonders möchte ich mich beim Team »Zusammenleben neu gestalten« der DeGeDe Hessen (Kaletsch/Glittenberg/Rech) bedanken, die mir viele ihrer Ideen und methodischen Anregungen zur Verfügung gestellt haben, die sich insbesondere im 5. Kapitel finden. Die Herausgeber Fred Berger, Wilfried Schubarth, Sebastian Wachs und Alexander Wettstein haben das Manuskript sorgfältig gelesen und mir gute Anregungen gegeben, Julian Gutsche hat die grafischen Darstellungen und Tabellen gut aufbereitet. Gute Unterstützung erhielt ich auch von Klaus-Peter Burkarth und dem Lektorat des Kohlhammer-Verlags. Dafür bin ich allen dankbar. Mein Dank gilt auch meiner Frau Maria Ernst für die wohlwollende und kontinuierliche Begleitung in der Schreibphase.

Neu-Anspach, September 2021
Helmolt Rademacher

1

Aktuelle gesellschaftliche Phänomene und Herausforderungen im Kontext von Schule

Wenn wir einen Blick zurück auf die letzten dreißig Jahre gesellschaftlicher Entwicklungen werfen – also auf einen Zeitraum seit dem Mauerfall –, dann wird die Rasanz der Veränderungen überdeutlich. Dazwischen liegen, um nur ein paar Ereignisse zu nennen, die Anschläge auf die Twin-Towers in New York 2001, der Irak-Krieg 2003, die Finanzkrise 2008/09, die Aufdeckung der Mordserie des NSU 2011, der Syrienkrieg seit 2011, das Erstarken und die Niederschlagung des Islamischen Staates 2019, die Aufnahme einer großen Anzahl von Geflüchteten 2015, der Aufstieg einer populistischen und in Teilen rechtsextremen Partei wie der AfD und die Corona-Pandemie seit 2020. Daneben spielen Entwicklungen wie die Digitalisierung und die Globalisierung eine zentrale Rolle. Insbesondere die Klimakatastrophe wirft ihre Schatten voraus. Ereignisse und Trends wirken sich mal mehr und mal weniger auf die Schule aus. Auch gibt es Phänomene von Gewalt und Macht, die schon seit Jahrhunderten und Jahrtausenden bestehen und auch ihren Niederschlag in der Schule finden.

In diesem Kapitel wird ein Überblick über die unterschiedlichsten Phänomene, die auf Schule wirken, gegeben, bevor in weiteren Kapiteln auf Gegenstrategien und Handlungsalternativen in der Schule eingegangen wird.

1.1 Corona und die Folgen

Dieser Aspekt wird an den Anfang gestellt, weil die Corona-Pandemie für unsere jetzt lebenden Generationen etwas bisher nie Dagewesenes ist, einen zum Teil extremen Einschnitt in unser Leben darstellt und uns noch eine ganz Weile beschäftigen wird. Die Pandemie stellt die Schule vor enorme Herausforderungen. In der Schule hat der erste Lockdown im März/April 2020 zu großen Anstrengungen geführt, mittels virtueller Kanäle ein Minimum an Lernen aufrechtzuerhalten. Dabei wurden kreative Ideen entwickelt, und das virtuelle Lernen hat teilweise einen großen Schub erfahren. Es hat sich dabei aber auch gezeigt, dass sozial benachteiligte Kinder und Jugendliche in sehr große Schwierigkeiten gekommen sind, weil sie in der Regel, zu Hause meist in beengten Wohnverhältnissen lebend und technisch nur schlecht ausgestattet, nicht die Unterstützung hatten, die sie gebraucht hätten. Die soziale Kluft ist durch die Pandemie noch größer geworden. Leider haben das in der Lockdown-Zeit nur ein Teil der Schulen in der Form aufgefangen, dass sie diesen Schülerinnen und Schüler wie denen von Eltern aus sogenannten systemrelevanten Berufen

(Krankenschwestern, Ärztinnen, Zugführer) auch den Präsenzunterricht ermöglichten.

Gewalt hat unter diesen Umständen in einigen Familien zugenommen, und die psychischen Folgen für eine ganze Generation von Kindern und Jugendlichen sind noch nicht absehbar. Nicht nur die Schule als guter Lernort oder Schutzraum hat gefehlt, sondern der Verlust an sozialen Beziehungen war für etliche Kinder und Jugendliche schmerzlich. Zudem beschränkte sich das digitale Lernen meist nur auf die Fächer Deutsch, Mathe sowie Englisch und Prozesse sozialen Lernens fanden so gut wie nicht mehr statt. Auch das Thema Beteiligung wurde mehr oder weniger nicht beachtet.

> »In einer bundesweiten Studie der Stiftungs-Universität Hildesheim und der Universität Frankfurt zu ›Erfahrungen und Perspektiven von jungen Menschen während der Corona-Maßnahmen‹ beklagen sich viele befragte Kinder und Jugendliche, dass es in dieser Zeit nur darum gegangen sei, Stoff zu lernen. Ihre Expertise und Lösungskompetenz sei nicht wahrgenommen und entsprechend abgerufen worden, und ihre Sorgen und Nöte wurden einfach nicht gesehen« (Kaletsch/Rademacher, 2020, 12).

Dies hatte zur Folge, dass die bei den Kindern und Jugendlichen aufgetretenen psychischen Belastungen und Traumata nicht gleich thematisiert wurden und zu einer entsprechenden Resilienzförderung führte.

Es wird deutlich, »dass die zur Verlangsamung der Pandemie getroffenen Maßnahmen eine Herausforderung für die Förderung eines demokratischen (Selbst-)Bewusstsein von Kindern und Jugendlichen darstellen. Einzelne Lehrkräfte haben das erkannt und auch schon während des Lockdowns begonnen, in digitalen und analogen Settings Gelegenheitsräume zu entwickeln, die die Schüler*innen aktiv einbinden und ihnen ermöglichen, Selbstvertrauen in die eigene Handlungsfähigkeit (wieder) zu erlangen beziehungsweise sich als handlungskompetent und fähig zu erleben« (ebd., 12). Leider sind diese Lehrkräfte in einer deutlichen Minderheit.

Auch wurde in und nach den Sommerferien 2020 meist die Gelegenheit verpasst, um aus der Corona-Pandemie zu lernen und neue Lernarrangements mit digitalen Elementen und mittels Peer-Education zu kreieren. Das führte und führt in der Regel dazu, dass versucht wurde, an die Situation vor Corona anzuknüpfen, und nicht bedacht wurde, dass die Infektionszahlen wieder ansteigen könnten. Zudem führten und führen die verschiedenen teils wöchentlich neuen Richtlinien der Kultusministerien zu Unsicherheiten und damit zu einer deutlichen Überlastung und Müdigkeit der Lehrkräfte. Anstatt im Lehrplan wie gewohnt fortzufahren, wäre es sinnvoll (gewesen), dass die Lehrerkollegien sich hätten »Auszeiträume« in gemeinsamen Konferenzen nehmen sollen, um grundsätzlich zu überlegen, wie das Lernen neu auszurichten sei.

> »Der Risikoforscher Gerd Gigerenzer plädiert für ein grundlegendes Umdenken. So sollten wir uns vom Glauben verabschieden, dass sich die Zukunft stets aus den Trends der Vergangenheit ableiten lasse, und das schon in der Schule üben: Statt Schülern jeweils die ›richtige‹ Antwort auf bekannte Probleme vorzugeben, müsse man ihnen stärker beibringen, ›mit unsicheren Situationen umzugehen und kreative Lösungen für offene Zukunftsfragen zu finden‹. Die Corona-Pandemie sieht der Risikoforscher geradezu als ›Lehrstück, um das Leben mit der Ungewissheit zu üben‹« (Zeit, 17.9.2020).

»Für die Gestaltung von Schule als ein Ort der Sozialisation und Kultur brauchen Lehrerinnen und Lehrer mehr Zeit, um sich der Schulentwicklung zu widmen. Inklusion, Vielfalt, Differenzierung, sprachliche und politische Bildung, Digitalisierung – all dies braucht die Aufmerksamkeit von Kolleginnen und Kollegen, die gemeinsam diskutieren, verhandeln, besprechen und ausprobieren müssen« – so die Erkenntnis einer Schulleiterin aus Frankfurt a. M. (Gölitzer, 2020). Ziel müsste es insofern sein, die Krise als Chance für neue Formen des Lernens im Sinne von Kompetenzerwerb im fachlichen und sozialen Sinne und nicht der Wissensanhäufung zu nehmen. Und es gilt nachdrücklich, sich um die Schülerinnen und Schüler aus sozial benachteiligten Familien zu kümmern und Strategien zu entwickeln, wie die Defizite, die in der Corona-Zeit entstanden sind, ausgeglichen werden können. Einhergehen sollte das mit der Verstärkung der Vermittlung sozialer Kompetenzen.

Es gibt gute Materialien, wie man als Lehrkraft mit der Corona-Pandemie umgehen kann. Auch wenn beim Erscheinen dieses Buches die Pandemie vermutlich abgeebbt sein wird, hat diese Erfahrung unser Leben nachhaltig beeinflusst. Auszuschließen ist außerdem nicht, dass es zukünftig ähnliche Krisensituationen geben wird, die wiederum die Schule herausfordern werden. Daher sind grundsätzliche Überlegungen hilfreich, wie sie das Projekt »Zusammenleben neu gestalten« der Deutschen Gesellschaft für Demokratiepädagogik (DeGeDe), Landesverband Hessen, angestellt hat (▶ Kap. 4)

1.2 Verschwörungsideologien

Corona hat Verschwörungsideologien mobilisiert, die sich u. a. im digitalen Netz und in den Querdenken-Demonstrationen manifestieren.

»Sie lassen sich von Erkenntnissen über die Wirklichkeit, die nicht in ihr Bild passen, nicht beirren, sondern nehmen die Wirklichkeit nur entlang ihrer eigenen Voraussetzungen, also sehr selektiv, wahr. Was nicht ins Bild passt, wird passend gemacht, ausgeblendet oder als ›Lüge‹ abqualifiziert« (Zusammenleben 2020, 37). Mit Falschbehauptungen und verkürzten Informationen wird die Pandemie geleugnet, und es finden sich Menschen unterschiedlicher politischer Richtungen zusammen. Die Schule wird von solchen Meinungen und Gedanken nicht verschont. Es gibt Eltern und andere Erwachsene, die die Pandemie leugnen und Konstrukte bedienen, dass hinter der Pandemie einzelne Menschen wie Bill Gates stünden, oder es gibt Zuschreibungen wie das »China-Virus« (vom ehemaligen US-Präsidenten Trump erfunden). Auch in einem Titelbild des Magazins Spiegel wurde diese verzerrte Zuschreibung aufgenommen, in dem ein gelb gekleideter

Mensch mit Hygiene-Ausrüstung und dem Titel »Corona-Virus – Made in China« veröffentlicht wurde.

Die genannten Phänomene werden in der einen oder anderen Form auch in der Schule sichtbar. Sie gehen oft einher mit Hass und Hetze im digitalen Netz. Insofern ist insbesondere der Erwerb von Medienkompetenz erforderlich. Darauf zu reagieren betrifft nicht nur Lehrkräfte aus den Fächern Informatik und politische Bildung, sondern alle Lehrkräfte sind hier gefragt (vgl. auch Politische Bildung, Heft 4/17). Das Deutsche Kinderhilfswerk hat am 5.11.2020 darauf mit einem Aufruf »Instrumentalisierung von Kindern durch ›Querdenken 711‹ verhindern« reagiert, weil diese mit deutschlandweiten Aktionen gegen das Tragen einer Mund-Nase-Bedeckung in Schulen agitieren wollte bzw. es tat.

Grundsätzlich ist es notwendig, sich in der Schule mit diesen Verschwörungsideologien auseinanderzusetzen, das Thema nicht zu übergehen, sondern diese Herausforderung zum Anlass zu nehmen, sich mit Themen wie der Bedeutung von wissenschaftlichen Erkenntnissen und dem Wahrheitsgehalt von Informationen im Netz, aber auch in anderen Medien kritisch zu beschäftigen.

1.3 Antisemitismus

Nicht erst seit dem antisemitischen Anschlag auf die jüdische Synagoge in Halle an Jom Kippur – dem höchsten jüdischen Feiertag – am 9. Oktober 2019 ist das Thema Antisemitismus in Deutschland sehr stark in den Fokus der Öffentlichkeit gerückt. Auch in den Schulen ist das Thema sehr virulent und verdient große Aufmerksamkeit.

In den letzten Jahren nehmen in Deutschland lebende Jüdinnen und Juden einen Anstieg des Antisemitismus wahr. »Gewalttaten gegen Jüdinnen und Juden in Deutschland sind im Jahr 2018 um 70 % gestiegen« (Bernstein 2020, 11). Insofern ist Antisemitismus

1.3 Antisemitismus

ein ernst zu nehmendes Problem und wirkt nicht nur in der Gesellschaft, sondern auch in den Schulen. Der Antisemitismusbeauftrage der Bundesregierung, Felix Klein, spricht davon, dass »die Gesellschaft ... infiziert mit Antisemitismus« ist. (Klein, 2020). Dass Antisemitismus – teils gepaart mit Verschwörungsideologien – ein sehr herausforderndes Phänomen ist, wird in der Politik allgemein konstatiert. Es lässt sich auch an den Querdenken-Demonstrationen aufzeigen, die sich gegen die Corona-Maßnahmen richten, bei denen immer wieder antisemitische Verschwörungsideologien geäußert werden.

> »Das Erstarken rechtspopulistischer Bewegungen oder Parteien wie Pegida bzw. die AfD und rechtspopulistischer Einstellungsmuster führt z. B. dazu, dass die erinnerungspolitischen Standards, die Erinnerung an die nationalsozialistischen Verbrechen Deutschlands und das Gedenken der Opfer der Shoah, öffentlich hinterfragt werden. ...« (Bernstein 2020, 12).

Deshalb ist es notwendig, sich mit der Thematik in der Schule genauer zu beschäftigen und weitere Quellen heranzuziehen. Die International Holocaust Remembrance Alliance (IHRA) – dessen Arbeitsdefinition die Bundesregierung sich 2017 angeschlossen hat – definiert Antisemitismus folgendermaßen:

> »Antisemitismus ist eine bestimmte Wahrnehmung von Jüdinnen und Juden, die sich als Hass gegenüber Jüdinnen und Juden ausdrücken kann. Der Antisemitismus richtet sich in Wort oder Tat gegen jüdische oder nichtjüdische Einzelpersonen und/oder deren Eigentum sowie gegen jüdische Gemeindeinstitutionen oder religiöse Einrichtungen« (Website IHRA – Aufruf am 14.7.2021).

Weiter heißt es dort:

> »Erscheinungsformen von Antisemitismus können sich auch gegen den Staat Israel, der dabei als jüdisches Kollektiv verstanden wird, richten. Allerdings kann Kritik an Israel, die mit der an anderen Ländern vergleichbar ist, nicht als antisemitisch betrachtet werden. Antisemitismus umfasst oft die Anschuldigung, die Juden betreiben eine gegen die Menschheit gerichtete Verschwörung und seien dafür verantwortlich, dass ›die Dinge nicht richtig laufen‹. Der Antisemitismus manifestiert sich in Wort, Schrift

1 Aktuelle gesellschaftliche Phänomene und Herausforderungen

und Bild sowie in anderen Handlungsformen, er benutzt unheilvolle Stereotype und unterstellt negative Charakterzüge.

Aktuelle Beispiele von Antisemitismus im öffentlichen Leben, in den Medien, Schulen, am Arbeitsplatz und in der religiösen Sphäre können unter Berücksichtigung des Gesamtkontexts folgendes Verhalten einschließen, ohne darauf beschränkt zu sein:

- Der Aufruf zur Tötung oder Schädigung von Jüdinnen und Juden im Namen einer radikalen Ideologie oder einer extremistischen Religionsanschauung sowie die Beihilfe zu solchen Taten oder ihre Rechtfertigung.
- Falsche, entmenschlichende, dämonisierende oder stereotype Anschuldigungen gegen Jüdinnen und Juden oder die Macht der Jüdinnen und Juden als Kollektiv – insbesondere aber nicht ausschließlich die Mythen über eine jüdische Weltverschwörung oder über die Kontrolle der Medien, Wirtschaft, Regierung oder anderer gesellschaftlicher Institutionen durch die Jüdinnen und Juden.
- Das Verantwortlichmachen der Jüdinnen und Juden als Volk für tatsächliches oder unterstelltes Fehlverhalten einzelner Jüdinnen und Juden, einzelner jüdischer Gruppen oder sogar von Nichtjüdinnen und Nichtjuden.
- Das Bestreiten der Tatsache, des Ausmaßes, der Mechanismen (z.B. der Gaskammern) oder der Vorsätzlichkeit des Völkermordes an den Jüdinnen und Juden durch das nationalsozialistische Deutschland und seine Unterstützer und Komplizen während des Zweiten Weltkrieges (Holocaust).
- Der Vorwurf gegenüber den Jüdinnen und Juden als Volk oder dem Staat Israel, den Holocaust zu erfinden oder übertrieben darzustellen.
- Der Vorwurf gegenüber Jüdinnen und Juden, sie fühlten sich dem Staat Israel oder angeblich bestehenden weltweiten jüdischen Interessen stärker verpflichtet als den Interessen ihrer jeweiligen Heimatländer.
- Das Aberkennen des Rechts des jüdischen Volkes auf Selbstbestimmung, z.B. durch die Behauptung, die Existenz des Staates Israel sei ein rassistisches Unterfangen.
- Die Anwendung doppelter Standards, indem man von Israel ein Verhalten fordert, das von keinem anderen demokratischen Staat erwartet oder gefordert wird.
- Das Verwenden von Symbolen und Bildern, die mit traditionellem Antisemitismus in Verbindung stehen (z.B. der Vorwurf des Christusmordes oder die Ritualmordlegende), um Israel oder die Israelis zu beschreiben.
- Vergleiche der aktuellen israelischen Politik mit der Politik der Nationalsozialisten.

- Das kollektive Verantwortlichmachen von Jüdinnen und Juden für Handlungen des Staates Israel.« (IHRA – Aufruf am 14.7.2021)

Der größte Anteil an Äußerungen manifestiert sich im Israel bezogenen Antisemitismus. Dieser zeichnet sich insbesondere durch »*doppelte Standards* in der Bewertung Israels oder israelischer Politik ... (und von) *Dämonisierungen* zum Zwecke der *Delegitimierung* Israels« aus. »Diese als die *3-Ds* bekannten Kriterien dienen dafür, eine Kritik an israelischer Politik von Antisemitismus zu unterscheiden. Wenn ein Kriterium erfüllt ist, handelt es sich um Antisemitismus« (Bernstein, 2020, 65).

Mittlerweile gibt es Kritik an der Definition der IHRA, weil diese »teils auch missbraucht (wird), um eine freie und ehrliche Diskussion über Israel und Palästina zu verhindern« (Goldberg 2021). Einige Forscher, die sich intensiv mit Antisemitismus, Holocaust und verwandten Feldern befassen, haben daher über einen monatelangen Prozess eine »Jerusalem-Deklaration« verfasst, die mittlerweile von einer großen Zahl von Gelehrten unterschrieben wurde. Sie begründen ihre Initiative so:

> »Da die IHRA-Definition in wichtigen Punkten unklar und für unterschiedlichste Interpretationen offen ist, hat sie Irritationen ausgelöst und zu Kontroversen geführt, die den Kampf gegen Antisemitismus geschwächt haben. In Anbetracht der Tatsache, dass sie sich selbst als ›Arbeitsdefinition‹ bezeichnet, haben wir uns um Verbesserungen bemüht, indem wir (a) eine präzisere Kerndefinition und (b) ein kohärenteres Set von Leitlinien vorlegen. Wir hoffen, dass dies sowohl für das Monitoring und die Bekämpfung von Antisemitismus als auch für Bildungszwecke hilfreich sein wird« (Jerusalem-Erklärung zum Antisemitismus vom 26.3.2021).

Die Erklärung hat ferner das Ziel, ein Bündnis mit antirassistischen Bewegungen zu stärken sowie Meinungsfreiheit und einen offenen Diskurs zu schützen. In 15 Leitlinien wird beschrieben, was Antisemitismus ist und was nicht (www.jerusalemdeclaration.org).

In der pädagogischen Arbeit plädieren Meron Mendel und Tom Uhlig dafür, »zunächst ein Bewusstsein herzustellen, Antisemitismus als solchen zu erkennen, dafür zu sensibilisieren und zwar im doppelten Sinne: zum einen in der unmittelbaren Bildungsarbeit mit Kindern, Jugendlichen und – was bisweilen vergessen wird – Erwachsenen« (Mendel/Uhlig 2020, 251). Antisemitismus wird als solcher häufig nicht erkannt. Wenn Lehrkräfte bzw. Pädagog:innen Antisemitismus nicht erkennen und nicht klar mit Bezug auf Demokratie und Menschenrechte zurückweisen, dann ergeben sich Gewöhnungseffekte, und für Betroffene wird es schwer, sich an Lehrkräfte zu wenden. Dabei ist auch zu bedenken, dass nicht alle Schüler:innen sich selbstverständlich in allen Aspekten ihrer Identität zeigen. Deshalb wird häufig davon ausgegangen, es gebe keine jüdischen Schüler:innen in der Schule. Ein Selbstverständnis von Schule als Ort der pluralen Gesellschaft sollte aber auch immer davon ausgehen, dass es von Antisemitismus Betroffene im Raum gibt, auch wenn sie nicht sichtbar sind. Antisemitismus sollte unabhängig davon, ob Betroffene sichtbar sind oder nicht, immer problematisiert werden, wenn er sich äußert. Wenn Betroffene das erleben, dann steigt auch ihr Vertrauen, sich bei antisemitischen Vorfällen an die Lehrkraft zu wenden.

Bezogen auf die Schule stellt sich die Frage, wie es kommt, »dass ein eklatantes Unwissen über Antisemitismus unter Schüler*innen und Lehrer*innen vorherrscht, dass ›Du Jude‹ in unterschiedlichen Variationen zu den populärsten Schimpfworden auf dem Schulhof gehört, Antisemitismus im Allgemeinen häufig nicht erkannt und in der Folge nicht zum Gegenstand pädagogischer Intervention wird?« (Bernstein 2020, 14). Es wird deutlich, dass hier eine große Aufgabe besteht, ein anderes Bewusstsein zu entwickeln und deutlich zu reagieren. »Es geht darum, als Lehrkraft dem Antisemitismus in allen seinen Formen entgegentreten zu können und ein Verständnis für die Betroffenen zu entwickeln« (ebd., 24). Im Sinne des »wehret den Anfängen« ist zu konstatieren, dass »keine Diskriminierung, und auch nicht Antisemitismus, ... mit Hass an(fängt), sondern mit negativbehafteten Kategorien, Pauschalisierungen, Stereotypen, Vorurteilen, Skepsis und Vorsicht, Ignoranz, emotionaler Abneigung, einer unterschwelligen Abwertung oder einer unreflektierten Nutzung alltagssprachlicher Schmähungen« (ebd., 21).

In einer umfangreichen Studie hat Julia Bernstein Antisemitismus an Schulen in Deutschland untersucht und Handlungsoptionen benannt (Bernstein 2020). In den Kapiteln 4 und 5 werden Hinweise gegeben und Beispiele genannt, wie Schule auf diese neu sichtbare Form des Antisemitismus reagieren kann. Dabei werden Materialien der Bildungsstätte Anne Frank in Frankfurt vorgestellt.

1.4 Rassismus

Rassismus ist ein alltägliches Phänomen in fast jeder Gesellschaft und findet sich in allen Institutionen wieder. Durch die »Black live matters«-Bewegung, die im Jahr 2020 in den USA nach dem rassistischen Mord an George Floyd breiter bekannt wurde, ist das Thema verstärkt in den Mittelpunkt der öffentlichen Aufmerksamkeit gerückt. Auch in der Schule hat das Thema in den letzten Jahren an Aufmerksamkeit gewonnen.

> »Um die Wirkungsweise von Rassismus besser zu verstehen, sollten drei Ebenen unterschieden werden:
> - *Individueller Rassismus* beruht auf persönlichen Einstellungsmustern und bezieht sich auf die direkte persönliche Interaktion.
> - *Institutioneller Rassismus* bezeichnet das Handeln in einem System, wie z. B. Firmen, Behörden, Vereinen oder auch Schulen, indem Gewohnheiten, bewährte Handlungsmuster oder tradierte Wertvorstellungen dazu führen, dass Personengruppen ausgegrenzt werden
> - *Struktureller Rassismus* letztlich bezieht sich auf Ausgrenzung und Benachteiligung, die durch Rechtsvorschriften, aber auch durch politische und ökonomische Strukturen erzeugt werden« (Georg/Dürr 2016, 9).

Schülerinnen und Schüler sind von Rassismus seit langem betroffen, nicht nur in Form antimuslimischen, sondern auch durch antiasiatischen Rassismus. »Die Artikulation von Rassismuserfahrungen durch Betroffene führt nur selten zu einer grundlegenden

Auseinandersetzung mit rassistischem Geschehen und seinen Auswirkungen auf Betroffene (Georg/Dürr 2016, 5). Die Artikulationen werden häufig übergangen, nicht wahr- oder ernst genommen. Ausgangspunkt für Beratungsprozesse (in Schulen) sind sie so gut wie nie« (Kaletsch/Glittenberg 2019, 32).

Ein Problem besteht auch darin, dass Rassismus häufig mit gewalttätigem Rechtsextremismus gleichgesetzt wird und sich damit der Auseinandersetzung in der jeweiligen Institution entzieht. Die sog. Mitte-Studien von Heitmeyer weisen allerdings darauf hin, dass Rassismus in der Mitte der Gesellschaft verwurzelt ist (vgl. Georg/Dürr 2016, 10 und Kaletsch/Glittenberg 2019, 35)

Auch die Existenz vieler »Schulen ohne Rassismus – Schulen mit Courage« (SoR-SmC) verhindert nicht, dass es auch an diesen Schulen nicht bearbeiteten Rassismus gibt.

Mittlerweile gibt es im schulischen Kontext unabhängige Einrichtungen, an die sich Betroffene wenden können (▶ Kap. 4).

Im Kontext der Rassismus-Debatte sei angemerkt, dass es Vertreterinnen und Vertreter von identitätspolitischen Positionen – die sich politisch links verstehen – gibt, die eine Haltung einnehmen, die »Minderheiten .... die sich als diskriminiert betrachten« (Sander 2021, 299), als frei von Rassismus und Diskriminierung beschreiben. Somit können diese sich jeglicher Kritik in Bezug auf eigenes abwertendes Verhalten entziehen. Wenn diese Gruppen beispielsweise behaupten, nur Weiße könnten rassistisch sein, dann widersprechen sie einer Definition von Ibrahim X Kendi: »Meine Definition einer rassistischen Idee ist einfach: Es ist jegliche Vorstellung, die eine bestimmte ethnische Gruppe als einer anderen ethnischen Gruppe unterlegen oder überlegen betrachtet« (nach Sander 2021, 300). Unter- und Überlegenheit kann es unter den verschiedensten ethnischen Gruppen geben. Identitätspolitische Positionen können dazu führen, dass das eigene Verhalten als fehlerfrei definiert wird und damit einer Kritik und Diskursivität nicht mehr zugänglich ist. Wolfgang Sander beschreibt das an verschiedenen Beispielen. Demokratiebildung hat wie auch politische Bildung das Ziel, sich an wissenschaftlichen Fakten zu orientieren, unterschiedliche Meinungen zuzulassen und diese für (selbst-)kritische Reflexionen zu nutzen.

Exkurs: Abgrenzung von Antisemitismus und Rassismus

Es gibt immer wieder eine Argumentation, die Antisemitismus und Rassismus gleichsetzt oder Antisemitismus als eine Form von Rassismus beschreibt. Eine solche Argumentation ist irreführend und ahistorisch. Die Ablehnung von Juden besteht schon seit 1700 Jahren, seitdem diese in Europa an verschiedenen Stellen siedelten. Die »Geburtsstunde des Antisemitismus (sind die) Blutreinheitsgesetze« (Meyer 2018, 45), die 1492 bei der Eroberung der iberischen Halbinsel durch die spanische Reconquista eingeführt wurden. Die Juden mussten entweder fliehen oder sich taufen lassen. Aber getaufte Juden konnten auch bis zur dritten Generation nicht im Staatsdienst arbeiten. Entscheidend war nicht mehr die Frage der Religion, sondern die des Blutes. Die »Geburtsstunde des Rassismus (war die) ›Entdeckung der Neuen Welt‹« (ebd., 46), die mit dem Sklavenhandel einherging.

> »Rassismus dient in all seinen Varianten der Stabilisierung von Herrschaftsverhältnissen in der Moderne. ... Rassismus bietet ein Klassifikationssystem, um Menschen von sozialen, politischen und ökonomischen Ressourcen symbolisch oder praktisch auszuschließen und dient gleichzeitig der Legitimation erlebter sozialer Ungleichheit« (ebd., 46/47).

»Samuel Salzborn beschreibt Antisemitismus treffend als ›negative Leitidee der Moderne‹: Antisemitismus dient als allgemeine Orientierung, als Weltanschauung, um Schuld an gesellschaftlichen Missständen oder der eigenen Misere auf Jüdinnen und Juden projizieren zu können« (ebd., 47). Antisemitismus als Spielart von Rassismus zu bezeichnen verkennt die besondere negative Wirkmacht des Antisemitismus. Außerdem erfolgt dadurch eine Relativierung der Shoah. Die »fabrikmäßige« Vernichtung der Juden durch die Nazis ist historisch singulär und lässt sich daher mit Rassismus nicht vergleichen.

Es gibt noch einen weiteren wichtigen Unterschied:

> »Die zentrale Gemeinsamkeit liegt im Prinzip des Othering: Jüdinnen und Juden werden im Antisemitismus eindimensional auf ihr Jüdisch-Sein reduziert, als Fremdgruppe konstruiert und auf diese Weise wird ihnen eine Position der Nicht-Zugehörigkeit zugewiesen. Zugehörigkeit, Mehrbezüglichkeit und Individualität werden negiert und so der Raum für die Entfaltung der Persönlichkeit für von Antisemitismus Betroffene eingeengt. Ein entscheidender Unterschied liegt hingegen im konstruierten Verhältnis zwischen dem ›Wir‹ und den ›Anderen‹: Verweisen bei den verschiedenen Erscheinungsformen von Rassismus die Stereotype, die auf Grundlage des Othering ›den Anderen‹ angeheftet werden, auf die Vorstellung einer Überlegenheit und Fortschrittlichkeit der eigenen konstruierten ›Wir‹-Gruppe, wird im Antisemitismus das konstruierte ›Wir‹ als ohnmächtig gezeichnet ....« (Zusammenleben neu gestalten, 2019a, 36).

Im antisemitischen Bild wird Juden eine unfassbare destruktive Macht zugeschrieben. Daraus wird eine Täter-Opfer-Umkehr abgeleitet. Die antisemitische Tat wird mit der erfundenen Unterlegenheit der Mehrheitsbevölkerung gerechtfertigt.

Problematisch ist die Verdrängung des Antisemitismus »von der selbsternannten ›Mitte‹ der Gesellschaft an die ›Ränder‹«, d. h. an einen kleinen Teil von Muslimen, die israelbezogenen Antisemitismus äußern, oder an Neonazis (ebd., 48). Nur hier sei Antisemitismus zu finden; dies dient aber nur der Relativierung von Antisemitismus und Legitimierung von Rassismus. Entscheidend ist, dass beide Ideologien in ihrer Funktion, aber auch in ihrer Unterschiedlichkeit erkannt und bekämpft werden.

1.5 Gruppenbezogene Menschenfeindlichkeit

Wilhelm Heitmeyer und im Anschluss Andreas Zick haben sich in den sogenannten »Mitte-Studien« mit verschiedenen Formen der Ausgrenzung und Diskriminierung in der Gesellschaft auseinandergesetzt. »In den Studien zu Gruppenbezogener Menschenfeindlichkeit (GMF) ... wird Rassismus als eine Form der Abwertung neben anderen genannt. ... Heitmeyer geht von der Annahme aus, dass Vorurteile gegenüber Menschengruppen, die zu deren Abwertung führen, miteinander zusammenhängen.« (Georg/Dürr 2016, 7)

>»Heitmeyer unterscheidet 12 Formen der Abwertung:
> Rassismus, Fremdenfeindlichkeit[1], Antisemitismus, Sexismus, Islamfeindlichkeit, Homophobie, Antiziganismus, Abwertung von Asylbewerber_innen, Abwertung von Behinderten, Abwertung von Obdachlosen, Abwertung von Langzeitarbeitslosen, Etabliertenvorrechte.
> So bietet GMF einen weiteren Blick auf Formen der Abwertung, die unsere Gesellschaft strukturieren« (ebd., 8).

Aufgabe von Schule ist es insofern, alle Formen der Abwertung im Blick zu haben, eine Einsicht in deren Mechanismen zu geben, um diesen entgegen zu wirken. Wichtig ist es dabei, dass Betroffene, die in ihrer Würde verletzt wurden, von den Lehrkräften und pädagogischen Mitarbeitenden Empathie, Wertschätzung und Schutz benötigen und das konsequent (Kaletsch 2015, 58). In einem Dossier des Deutschen Institut für Menschenrechte (DIMR) wird in diesem Zusammenhang darauf hingewiesen, dass Schweigen nicht neutral ist (DIMR Information April 2019).

1.6 Demokratiefeindlichkeit/Populismus

Nicht nur die Verschwörungsideologien, Antisemitismus und Rassismus sind eine Gefahr für die Demokratie, sondern auch die negative Instrumentalisierung des Internets durch deren Vertreter. Wie die US-Präsidentenwahl 2016 und die Abstimmung über den

---

1 Fremdenfeindlichkeit ist eine problematische Begriffskonstruktion, da damit von Rassismus Betroffene zu Fremden gemacht werden. Das ist eine Reproduktion der Perspektive der Täter.

Brexit gezeigt haben, wurde und wird das digitale Netz durch Falschmeldungen sowie Hass und Hetze genutzt, um die Demokratie zu diskreditieren.

Rückblickend waren Ereignisse, die auch deutliche Auswirkungen auf die Schulen in Deutschland hatten, die rassistischen Diskurse im Kontext der Ankunft vieler geflüchteter Kinder und Jugendlicher in den Jahren 2015 und 2016. Durch die sog. Montagsdemonstrationen von PEGIDA in Dresden und anderen Städten ist eine Stimmung entstanden, die die politische Diskussionskultur hat verrohen lassen. Ein Beispiel ist die versuchte Einflussnahme der AfD auf die Schulen. Hier wurden Plattformen eingerichtet, auf denen kritische Lehrkräfte denunziert werden sollten. Die Kultusministerkonferenz (KMK) verurteilte dieses Vorgehen am 11.10. 2018. Mittlerweile sind diese Plattformen eingestellt worden oder haben an Bedeutung verloren. Aber sie haben zu einer Verunsicherung der Lehrkräfte – insbesondere jenen im Fach Politik – geführt, die den Beutelsbacher Konsens (Überwältigungsverbot, Kontroversitätsgebot, Orientierung an Schülerinteressen) »so interpretieren, als müssten sie sich neutral verhalten, um das Überwältigungsverbot nicht zu verletzten. Die Aufgabe einer jeden Lehrkraft ist es aber, auf der Grundlage unserer Verfassung und der Menschenrechte jeden Verstoß dagegen offen zu benennen, d. h. Position zu beziehen« (Gloe/Rademacher, 13).

Bei der Demokratiefeindlichkeit geht es nicht nur um die Schülerinnen und Schüler, sondern auch und besonders um die Lehrkräfte. Wie ist ihre demokratische Grundeinstellung und wie steht es um ihre Grundrechtsklarheit? Mit Letzterem ist gemeint, wie klar stellen sie sich gegen Grundrechtsverstöße. Auch Lehrkräfte sind beeinflussbar durch Gedankengut von politischen Parteien. Wenn in manchen Neuen Bundesländern bis zu 25 % der Bevölkerung eine populistische und demokratiefeindliche Partei wie die AfD wählen, dann ist davon auszugehen, dass auch etliche Lehrkräfte solche Positionen unterstützen. Welche Instanzen der Kultusverwaltungen reagieren auf demokratiefeindliche Äußerungen? Wer sind Korrektive? Ein Problem liegt darin, dass stillschweigend demokratiefeindliche Äußerungen in der Schule geduldet werden und es eine Tendenz des Wegsehens gibt (so ein Bericht beispielsweise aus Sachsen). Schulleitungen und Lehrkräfte sind in solchen Fällen in Hinblick auf das Grundgesetz und die Kinder- und Menschenrechte oft nicht eindeutig und verurteilen nicht entsprechende Äußerungen und Handlungen. Es geht darum, nicht nur von Demokratie zu sprechen, sondern sie aktiv zu leben.

1.7 Politikverdrossenheit

Bereits Ende der 1990er Jahre gab es nicht nur in den Neuen Bundesländern rechtsextreme und rassistische Ausschreitungen, und es zeigten sich Tendenzen der »Politikverdrossenheit« bzw., dass sich Menschen nicht wahr- und ernstgenommen fühlen.

> »Hinter der Erscheinung des virulenten, wenn auch quantitativ noch verhältnismäßig eingeschränkten Rechtsextremismus zeichnet sich das viel umfassendere und stark verbreitete Problem einer Abwendung von der Politik ab, das sich in einschlägigen Umfragen als Politik- und Parteienverdrossenheit bzw. als politischer Indifferentismus in erheblichen Teilen der Jugend zu erkennen gibt (Deutsche Schell 1997, 2000)« (Edelstein/Fauser 2001, 12).

Auch wenn das heute beispielsweise durch die Bewegung Fridays for Future nicht mehr in dem Maße gilt wie im Jahr 2000, so ist doch nach wie vor eine Parteienverdrossenheit festzustellen und eine mangelnde politische Bildung nach wie vor zu konstatieren. Dies zeigt sich u. a. in der unzureichenden Medienkompetenz, zu der die Entschlüsselung von Informationen im Internet gehört, und in Tendenzen, Verschwörungsideologien zu glauben. In den 2000er Jahren waren neben dem Rechtsextremismus, Rassismus und Fremdenfeindlichkeit Gewalt in der Schule und Politikverdrossenheit die wesentlichen Gründe, um ein Bund-Länder-Kommissions-Programm »Demokratie lernen und leben« (BLK-Programm DLL) für fünf Jahre aufzulegen. An diesem Programm beteiligten sich 13 Bundesländer. Dieses Programm hat Schulen wichtige Impulse geliefert, um sich mit Gewaltprävention und Demokratielernen systematischer im Sinne demokratischer Schulentwicklung auseinanderzusetzen. An späterer Stelle wird hierauf noch einmal genauer Bezug genommen.

1.8 Extremismus

Auch Schulen sind mit dem Thema Extremismus konfrontiert. »Als Extremismus bezeichnen Behörden in Deutschland seit etwa 1973 politische Einstellungen und Bestrebungen, die sie den äußersten Rändern des politischen Spektrums jenseits der freiheitlich demokratischen Grundordnung zuordnen« (Wikipedia, 2020). Der Begriff ist allerdings – auch im Kontext von politischer Bildung – wegen seiner Unschärfe umstritten. In verschiedenen Bundesländern sind Stellen eingerichtet worden, die sich mit dem Phänomen beschäftigen. In Hessen gibt es das HKE = Hessisches Kompetenzzentrum Extremismus, das auch Expertisen für Schulen bereitstellt.

Die Kritik an dem Begriff bezieht sich darauf, dass Rechtsextremismus, Linksextremismus und islamistischer Extremismus gemeinsam genannt werden. »Gerade der genannte Dreiklang vernebelt den Blick auf sehr unterschiedliche Konflikte und Probleme« (Teune 2018, 6). Die Beschreibung der politischen Ränder als Hufeisen, die sich in diesem Bild einander annähern und eine Mitte konstruieren, ist problematisch und kritikwürdig.

Eine politische Konsequenz des Extremismusparadigmas ist »der Versuch, Ausstiegsprogramme auf radikale Linke zu übertragen – nachgewiesenermaßen ohne Erfolg. Statt über ein Label vermeintlich Klarheit herzustellen, braucht es eine Auseinandersetzung darüber, was konkret als problematische Entwicklung gefasst wird. Nur so werden gesellschaftliche Probleme verhandelbar und für Zivilgesellschaft und staatliche Stellen adressierbar« (ebd., 7). Weiter schreibt Teune, dass es sinnvoller wäre, den Ursprung politischer Gewalt in männlicher Dominanzkultur zu thematisieren und damit Radikalisierungsprozesse zu verstehen. Die Gefahr bei dem Begriff besteht in einer Verengung auf bestimmte Gruppen: »Die Rede vom Extremismus spricht aber alle Akteure frei, die nicht mit dem Label belegt werden. Sie entlässt sie damit aus der Pflicht, die eigene Verstrickung in gesellschaftliche Konflikte und Machtverhältnisse zu reflektieren« (ebd., 9).

Teune schreibt, dass »*allein* (Hervorhebung durch den Autor) was unter ›Rechtsextremismus‹ zu verstehen sei, ... mehr oder weniger konsensfähig« ist (ebd., 6). Für die Schule muss es bedeuten, dass nicht erst bei extremen Positionen reagiert wird, sondern überall dort, wo gegen Menschen- und Kinderrechte verstoßen wird.

Durch das Extremismus-Modell hält eine sicherheitspolitische Perspektive grundlegend auch in pädagogische Zusammenhänge Einzug. Das ist problematisch, weil es einem statischen und staatlich verengten Demokratieverständnis entspricht.

Ein kritischer Blick auf den Begriff bedeutet aber nicht, sich mit den bestehenden Adressierungen nicht auseinanderzusetzen, da sie auch Eingang in die Schulen gehalten haben. Insofern wird im Folgenden auf die drei Formen von Extremismus eingegangen.

1.8.1 Rechtsextremismus

Durch das Entstehen der AfD und deren Einzug in den Bundestag und in alle Landesparlamente hat sich eine neue Rechte formiert, die alte Formen wie die NPD in den Hintergrund gedrängt hat – letztendlich bestehen aber verschiedene Formen von Rechtsextremismus nebeneinander. Die AfD vertritt die Ideologie der Ablehnung der pluralistischen Gesellschaft und damit die Ablehnung demokratischer Werte in einem etwas anderen Gewande (vgl. Hafeneger 2020). Interessant sind aber Kontinuitäten, wie man sie

1 Aktuelle gesellschaftliche Phänomene und Herausforderungen

dem Text von Theodor Adorno (2019) entnehmen kann, wie beispielsweise die Argumentation, dass Rechtsextreme sich als »wahre Demokraten« darstellen (Adorno 2019, 37) oder mit ihrem Nationalismus sich der Globalisierung »erwehren«.

Rechtsextremismus ist ein Thema, mit dem einzelne Schulen bereits in den 1990er Jahren in Berührung kamen, z. B. durch die sog. Schulhof-CD mit rechtsextremer Musik, die die NPD im großen Umfang vor Schulen verteilte. In manchen Schulen tauchten Jugendliche mit Springerstiefeln und einschlägiger Kleidung von Thor Steinar auf. Auch in den Neuen Bundesländer war das Thema virulent. In Hessen wurde darauf Mitte der 1990er Jahre durch ein Aktionsprogramm gegen Gewalt, Fremdenfeindlichkeit und Rechtsextremismus reagiert (Klose et al., 2000). Mittlerweile sind die rechtsextremen Formen zum Teil subtiler und ein offenes Auftreten mit entsprechendem Outfit ist sehr selten. Zudem sind weitere Organisationen wie die Identitären und die Junge Alternative, die jeweils vom Verfassungsschutz beobachtet werden, hinzugekommen. Rechtsextreme Akteure sind immer wieder in Schulen insbesondere im ländlichen Raum aktiv. Ca. 1/3 der Anfragen an das hessische Beratungsnetzwerk Rechtsextremismus kommen aus Schulen. Auch vermischen sich Gruppen wie die Reichsbürger und Querdenker mit Rechtsextremisten.

Hans-Gerd Jaschke definiert das Phänomen folgendermaßen:

»Unter ›Rechtsextremismus‹ verstehen wir die Gesamtheit von Einstellungen und Verhaltensweisen und Aktionen, organisiert oder nicht, die von der rassisch oder ethnisch bedingten sozialen Ungleichheit der Menschen ausgehen, nach ethnischer Homogenität von Völkern verlangen und das Gleichheitsgebot der Menschenrechts-Deklaration ablehnen, die den Vorrang der Gemeinschaft vor dem Individuum betonen, von der Unterordnung des Bürgers unter die Staatsräson ausgehen und die den Wertepluralismus einer liberalen Demokratie ablehnen und Demokratisierung rückgängig machen wollen. Unter ›Rechtsextremismus‹ verstehen wir insbesondere Zielsetzungen, die den Individualismus aufheben wollen zugunsten einer völkischen, kollektivistischen, ethnisch homogenen Gemeinschaft in einem starken Nationalstaat und in Verbindung damit den Multikulturalismus ablehnen und entschieden bekämpfen. Rechtsextremismus ist eine antimodernistische, auf soziale Verwerfungen industrie-gesellschaftlicher Entwicklungen reagierende, sich europaweit in Ansätzen zur sozialen Bewegung formierende Protestform« (Jaschke nach Mai/Heinrich 2020, 17).

Mai und Heinrich ergänzen diese Definition um einen Aspekt, den Zick und Küpper betonen: Es ist »die Verbindung von ›Menschenfeindlichkeit‹ mit der Bereitschaft, ›Gewalt gegen Fremdgruppen zu billigen, zu rechtfertigen und/oder auszuüben‹« (Zick/Küpper nach Mai/Heinrich 2020, 17). Hinzu kommen die Verharmlosung oder positive Deutung des Nationalsozialismus.

Untersuchungen zeigen, dass 6 % der deutschen Bevölkerung ein »geschlossen rechtsextremes Weltbild« haben, d. h., dass es auch unter Schülerinnen und Schülern einen Anteil von 3,4–4,4 % gibt, die solche Ansichten vertreten. Hinzu kommen auch noch chauvinistische Einstellungen, die sich bei ca. 13 % der Jugendlichen finden (vgl. May/Heinrich 2020, 21). Diese zeigen sich auch in der Zunahme von Hassreden im Internet. Damit werden Personen oder Gruppen abgewertet und verbale Gewalt vermittelt, die aber auch in reale Gewalt münden kann, wie die rechtsextremen Anschläge in Halle, Hanau und Kassel zeigen.

Auch wenn die Zahlen niedrig erscheinen, so zeigen sie, dass es in der Schule einen Handlungsbedarf gibt. Zu unterscheiden ist in diesen Fällen, ob es sich um Bedrohungslagen handelt, bei denen auch Ordnungsmaßnahmen bis hin zum Einsatz der Polizei notwendig sind, oder ob es sich um latente rechtspopulistische bzw. -extreme Stimmungen handelt, denen es mit präventiven Maßnahmen zu begegnen gilt.

> »Die meisten Maßnahmen und Programme gegen Rechtsextremismus richten sich indes nicht auf Rechtsextremismus als umfassendes und verfestigtes Einstellungssyndrom, sondern nur auf einzelne Merkmale rechtsextremer Weltbilder, wie etwa Vorurteile, Autoritarismus, Gruppenbezogene Menschenfeindlichkeit etc.« (ebd., 70).

Ein wesentliches Element, um gegenzusteuern, ist dabei die Arbeit an Anerkennungsbeziehungen. Untersuchungen zeigen, »dass ein positives, auf gegenseitiger Wertschätzung beruhendes Sozialklima« zu geringeren rechtsextremen Einstellungen führt, wohingegen Abwertungserfahrungen diese Einstellungen eher befördern (ebd., 96). Allerdings dürfen solche Befunde nicht so interpretiert werden, dass »gelungene Anerkennungsbeziehungen demokratierelevante Einstellungen verursachen« (ebd., 97) – es gibt also keinen Automatismus. Es gilt, in Schule und Jugendarbeit ein Narrativ von »Anerkennung, Zugehörigkeit, Offenheit und Solidarität« (Hafeneger, 2020, 155) zu entwickeln. Begegnungs- und Austauschprojekte – mit einer konstruktiven Auseinandersetzung von Fremdheitserfahrungen – sowie der Besuch von Gedenkstätten können, wenn sie richtig vorbereitet und durchgeführt werden, im Sinne der Prävention von Rechtsextremismus wirken. »... eine attraktive, kritisch-aufklärungsorientierte politische Bildung (mit ihren unterschiedlichen Formaten) und Demokratieerziehung, eine partizipativ gelebte Alltagskultur (sind) immer auch Präventionsarbeit« (ebd., 155).

Zu bedenken ist, dass alle präventiven Maßnahmen einer langfristigen Schulentwicklung bedürfen, die sich an den Kinder-, Menschen- und Grundrechten orientiert. Wenig hilfreich ist es, bei rechtsextremen Vorfällen nur kurzfristig beispielsweise durch Workshops mit externen Partnern der außerschulischen Bildung zu reagieren. Dies geschieht meist unter der Maßgabe, das Problem möglichst schnell loszuwerden, um einen Imageschaden abzuwehren.

In einem dreijährigen Modellprojekt (2015–2018), an dem 25 Lehrkräfte und Sozialpädagog:innen aus neun beruflichen Schulen in Sachsen beteiligt waren, wurden Schritte erarbeitet, wie Pädagog:innen mit dem Thema Rechtsextremismus in der Schule besser umgehen können. Zuvor wurde festgestellt, dass Lehrkräfte in der Regel drei verschiedene Strategien haben, um mit dem Problem umzugehen:

1. Die Strategie des »Burgfriedens,« in der die Lehrkräfte sich nur am Ziel eines qualitativ guten Berufsschulabschlusses

orientieren und das Thema Rechtsextremismus ausklammern.
2. Das Konzept der Überlegenheit, in dem die Lehrkräfte argumentativ die rechtsextremen Jugendlichen herausfordern und damit ihre kommunikative Überlegenheit demonstrieren.
3. Das dritte Bewährungsmuster zeigte sich bei den Pädagog:innen, die sich selbst als Erziehende sehen und versuchen, einen möglichst großen Einfluss auf den rechtsextremen Schüler zu nehmen, um ihn zu verändern. Die Strategie ist hierbei eine Variation von Konfrontation und Subversion, meist ohne damit eine Überlegenheit zu signalisieren. Diese Lehrpersonen waren und sind Ansprechpartner:innen für Alltagsprobleme dieser Schülerinnen und Schüler. Dabei wird versucht, durch Fragen und Konfrontation mit Widersprüchen die Jugendlichen in ihrer Weltsicht zu verunsichern.

Die letztgenannte Strategie ist wohl die vielversprechendste. Sie hat die personale Akzeptanz als Voraussetzung.

Aus diesen Beobachtungen ergeben sich als Bewältigungsstrategie für die Lehrkräfte folgende drei Punkte:

1. Die inhaltliche Qualifizierung der Lehrkräfte und Sozialpädagog:innen, d. h. die Auseinandersetzung mit dem Phänomen des Rechtsextremismus und seinen Erscheinungsformen
2. »Die Stärkung von Handlungskompetenz und Reflexion der Teilnehmenden über flankierende Supervisions- und Coachingprozesse.
3. Die Stärkung und die Entwicklung des gesamten schulischen Umfeldes durch die Vernetzung der Schulen zu Vereinen, Initiativen und Trägern der außerschulischen Jugendarbeit im Themenbereich« (Behrens 2019, 239) und
4. Der Schutz von Betroffenen rechtsextremer Angriffe und Gewalt.

1.8.2 Islamistischer Extremismus

Nicht erst seit der Enthauptung des französischen Geschichts- und Geographielehrers Samuel Paty am 16.10.2020 ist islamistischer Extremismus eine sichtbare Bedrohung in Europa und in anderen Teilen der Welt. In Deutschland gab es einen Anschlag 2020 in Dresden, und am bekanntesten sind die Morde durch das gezielte Steuern eines Lastwagens auf den Weihnachtsmarkt am Breitscheidplatz in Berlin am 19.12.2016. Dabei starben 12 Menschen. Festzuhalten ist, dass es die Mehrzahl der Opfer nicht in Europa gibt, sondern in Asien, z. B. im Irak, Afghanistan und Pakistan, und es sind dort meist Muslime, die von den Terroristen ermordet werden.

> »Islamismus ist eine totalitäre politische Ideologie, die sich einer religiösen Sprache und Rhetorik bedient und den Anspruch erhebt, die einzig konsequente Auslegung des islamischen Glaubens darzustellen.« (Edler 2015, 13)

Damit erhebt diese Richtung des Islam einen Alleinvertretungsanspruch, gibt sich unfehlbar und lehnt eine Deutungsvielfalt innerhalb des Islam ab. »Der Islamismus geht davon aus, dass der Islam die Lösung für alle Probleme der Gegenwart enthält« (ebd., 14). Damit will er sich attraktiv machen für all diejenigen, die auf der Suche nach Lösungen im Leben sind, und erreicht damit insbesondere nach Sinn suchende junge Menschen. Der Salafismus ist eine fundamentalistische Strömung im Islam, der sich nur auf die Ursprungstexte des Islam bezieht, diese wortgetreu versteht und aktuelle Interpretationen ablehnt; es gibt dort verschiedene Strömungen, wobei nur der salafistische Dschihadismus gewaltsam ist.

Muslimische Jugendliche, die Diskriminierung erfahren, sich gedemütigt fühlen und keine Perspektive sehen, sind besonders empfänglich für charismatische Führer als Ersatz für fehlende Väter (vgl. ebd., 28).

Mit der Entstehung des Islamischen Staates 2014 in Syrien und im Irak wurde das Thema islamistischer Extremismus auch in Schulen virulent. Etliche Jugendliche wurden über das Internet oder durch islamistische Prediger in ihren Bann gezogen, radikalisiert und für den Kampf im Islamischen Staat rekrutiert. In der Folge gab es insbesondere ab 2015 Ausreisen nach Syrien. In einigen Regionen in NRW, in Hamburg und in den Ballungsgebieten in Hessen stand das Thema auf der Tagesordnung der Schulen. Mit dem endgültigen Ende des IS-Staates Anfang 2019 war die Ausreise kein Thema mehr, hingegen ist die grundsätzliche Thematik der Einflussnahme von islamistischen Kreisen auf die Schule noch lange nicht beendet. Ein eher singuläres Problem ist die Integration von Rückkehrerkindern aus Syrien.

Was Schulen in Ballungsräumen und damit insbesondere Lehrkräfte am stärksten beschäftigt ist ein »Klima der Einschüchterung« (FAZ, 5.11.20) und ein Wachstum an religiösen Konflikten, insbesondere an Hauptschulen und integrierten Gesamtschulen mit einem hohen Anteil muslimischer Schülerinnen und Schüler. Die Konflikte gehen allerdings nur von einer Minderheit muslimischer Schüler:innen aus.

Insbesondere in der Grundschule spielen extrem religiöse Eltern eine Rolle, die vermehrt ihre weiblichen Kinder veranlassen, ein Kopftuch zu tragen, was früher in Deutschland nicht der Fall war. Denn aus dem Koran ist dieses Ansinnen überhaupt nicht ableitbar, weil sich das Kopftuchtragen auf die Pubertät und damit auf die Zeit ab dem 14. Lebensjahr bezieht. Die Soziologin und Publizistin Necla Kelek, die aus Istanbul stammt, plädiert für »ein Verbot des Kinderkopftuchs in öffentlichen Einrichtungen«, d.h. insbesondere in der Schule (Kelek 2020). Die Organisation Terre des Femmes, in deren Vorstand Necla Kelek ist, hat dazu 2018 eine Petition gestartet. Bei solchen Aktionen ist zu bedenken, dass sie nicht zu antimuslimischem Rassismus führen.

Auch liberale Muslime wie der Religionspädagoge Mouhanad Khorchide beklagen eine Zunahme intoleranter Islamisten, die ihn sogar bedrohen. Er sagt, dass »der postsalafistische islamistische Diskurs ... sich derselben aggressiven Opferrhetorik (bedient) wie der Salafismus« (Khorchide, 2020). Auch der politische Islam hat es nach seiner Ansicht geschafft, »die Kritik am politischen Islam als unzulässige Kritik am Islam zu tabuisieren«. Damit wird eine Identitätspolitik konstruiert, die die Reformer mundtot macht, und es wird ein »Feindbild vom islamophoben Westen (konstruiert), um Jugendliche zu gewinnen« (ebd.).

Im Alltag der Schule ist nicht nur das Tragen von Kopftüchern in der Grundschule – und damit einhergehend der Druck auf andere muslimische Mädchen (»Wenn du kein Kopftuch trägst, dann kommst du in die Hölle«) – ein Problem, sondern auch Themen wie Schwimmunterricht von Mädchen, Klassenfahrten, das Fasten von Kindern während Ramadan, Besuch von Kirchen oder Synagogen und die Einrichtung von Gebetsräumen speziell für Muslime.

Das Problem des Schwimmunterrichts für Mädchen lässt sich durch getrennten Unterricht und spezielle Schwimmkleidung lösen. Die Teilnahme an Klassenfahrten – insbesondere der Mädchen – erfordert viel Überzeugungsarbeit. Das Fasten von Kindern vor der Pubertät ist im Koran nicht vorgesehen, wird aber von strenggläubigen Eltern erwartet und führt zu Problemen insbesondere beim Sportunterricht. Denn beim Fasten darf zwischen Sonnenaufgang und Sonnenuntergang nicht gegessen und getrunken werden. Das Fasten vor der Volljährigkeit ist freiwillig (s. Wikipedia, Ramadan, Aufruf am 13.11.20). Einzelne muslimische Jugendliche lehnen auch den Besuch von Kirchen und Synagogen ab, was interreligiöses Lernen erschwert. In einzelnen Schulen fordern muslimische Jugendliche Gebetsräume, was im Widerspruch zur religiösen Neutralität der Schule steht. Gelegentlich sind allerdings Räume der Stille in Schulen eingerichtet worden, die allen Schülerinnen und Schülern offenstehen.

Die Gesichtsverhüllung von jungen Frauen durch Niqab oder Burka kommt sehr selten vor, kann aber nicht geduldet werden, da über das Gesicht mit Mimik und Gestik kommuniziert wird und eine Interaktion zwischen Lehrenden und Schüler:innen verhindert bzw. extrem eingeschränkt wird (vgl. hierzu das Urteil des Bayrischen Verwaltungsgericht von 2014; Edler 2015, 37)

Die Integrationsbeauftrage des Berliner Senats, Güner Balci, weist darauf hin, dass »die Beschäftigung mit religiösen Fragen ...

Kindern – unabhängig davon, ob sie aus einem religiösen Haushalt kommen oder nicht – sehr viel mitgeben (kann) auf ihrer Suche nach Identität und Sinn. Nur wenn es die Institution Schule schafft, auch dieses Bedürfnis abzubilden, kann man erreichen, dass Kinder und Jugendliche selbstbestimmt ihre Religion entdecken und Dogmen hinterfragen« (Balci, 2021).

Das Thema Islamismus sollte im Zusammenhang mit antimuslimischem Rassismus gesehen und analysiert werden. Die Charakteristika, die den Islamismus als politische Ideologie ausmachen (patriarchale Geschlechterordnung, LGTB-Feindlichkeit, Antisemitismus, …), sind allesamt auch gesamtgesellschaftliche Probleme (vgl. die GMF-Studien oben), was leicht übersehen wird. Im antimuslimischen Rassismus werden diese Eigenschaften nun aber generell Muslimen zugeschrieben, um ein dominantes kollektives Selbstbild als modern, aufgeklärt, demokratisch usw. zu konstruieren und aufrecht zu erhalten. Wenn Islamismus thematisiert wird, ohne diesen Kontext kritisch zu reflektieren, dann läuft das Gefahr diese Zuschreibungsmechanismen zu reproduzieren.[2]

Anlässlich der Ermordung des französischen Lehrers Samuel Paty durch einen Islamisten schrieb die schleswig-holsteinische Kultusministerin Ende Oktober 2020 Folgendes:

> »Schulen sind Orte der Demokratie. Schulen sind Orte der Freiheit. Schulen sind Orte von Menschlichkeit und Empathie. An unseren Schulen lehren wir junge Menschen, sich ihres Verstandes zu bemächtigen, frei zu denken, zu streiten, Wissen und Erkenntnis wert zu schätzen, und respektvoll miteinander umzugehen. Die Lehrerinnen und Lehrer in diesem Land, die diese Aufgabe jeden Tag wahrnehmen, leisten unserer Gesellschaft dadurch einen großen Dienst.«

Sie forderte alle Schulen auf, am 2.11.2020 mit den Schülerinnen und Schülern einige Gedenkminuten einzulegen. Kritisch ist hier

---

2 Vgl. auch Floris Biskamp: Antimuslimischer Rassismus als systematisch verzerrtes Kommunikationsverhältnis. Das Sprechen über den Islam zwischen Befreiung und Festschreibung; in: Helmut Kellersohn, Wolfgang Kastrup (Hg.): Kulturkampf von rechts. AfD, Pegida und die Neue Rechte.

anzumerken, dass die Kultusministerien in diesem Fall zu einer Gedenkminute aufgefordert haben, dies aber nicht bei den rassistischen Morden in Hanau und an anderen Orten getan haben. Dadurch entsteht eine Glaubwürdigkeitslücke und es ist nachvollziehbar, wenn sich muslimische Jugendliche solchen Gedenkminuten entziehen.

1.8.3 Linksextremismus

Dieser Phänomenbereich existiert in der Gesellschaft und manifestierte sich in den 70er und 80er Jahren des letzten Jahrhunderts insbesondere durch die Morde der RAF und in jüngerer Zeit durch gewaltsame Demonstrationen gegen die Europäische Zentralbank im März des Jahres 2015 in Frankfurt und durch die Gewalt und die Zerstörungen anlässlich der Demonstrationen gegen den G-20-Gipfel im Juli 2017 in Hamburg.

Im Gegensatz zum »Rechtsextremismus« und dem »islamistischen Extremismus«, bei denen präventive Vorgehensweisen übertragbar sind, gilt das »für den Bereich ›Linksextremismus‹ ... aber eher nicht: Einmal fehlt es hier an Forschung, die vergleichbare, d. h. für pädagogische Prävention relevante Zusammenhänge in den Blick nimmt und auf die sich Übertragungs- und Weiterentwicklungsüberlegungen stützen könnten. Erfahrungen aus der Praxis zeigen zudem, dass etablierte Ansätze aus anderen Präventionsfeldern auf das Handlungsfeld ›Linksextremismus‹ nicht übertragbar sind, da die anvisierten Zielgruppen mit den dort erprobten Maßnahmen kaum erreichbar sind« (Glaser et al., 474). Ferner wird konstatiert, dass es keine substantielle Praxis der selektiven Prävention im Feld »Linksextremismus« gibt und dass sich »Stellenwert und Qualität von Gewalt deutlich von den anderen beiden Phänomenfeldern« unterscheiden (ebd.).

Es gibt auch umstrittene Vergleiche zwischen Rechts- und Linksextremismus, die sich in der sogenannten »Hufeisentheorie« äußern, nach der sich die äußersten linken und rechten Ränder einer Gesellschaft annähern und nicht wie auf einer Linie gegensätzliche Pole bilden.

Materialien zum Thema wurden u.a. in Hessen durch eine Arbeitsgemeinschaft Jugend und Bildung e.V. erstellt und durch die Eduversum GmbH vertrieben. In ihrer simplifizierten und ideologischen Art sind diese Materialien allerdings höchst umstritten (vgl. Gutachten Bauer/Tschirner 2020).

1.9 Gewalt an Schulen/Mobbing

Das Thema hat eine sehr lange Geschichte. Gewalt unter Schülerinnen und Schülern hat es schon immer gegeben. Gewalt gegen Schüler durch Erwachsene war bis in die 1960er, teilweise sogar 1970er Jahre hinein Wirklichkeit. Grundlegend hat sich das erst durch das Gesetz zur Ächtung von Gewalt in der Erziehung aus dem Jahr 2000 geändert (BGB § 1631 – »Kinder haben ein Recht auf gewaltfreie Erziehung. Körperliche Strafen, seelische Verletzungen und andere entwürdigende Maßnahmen sind unzulässig«). Auch die Kinderrechtskonvention ist hier unmissverständlich. Zuvor hatten aber auch schon Schulgesetze körperliche Züchtigungen untersagt.

Das Thema Gewalt in der Schule wurde und wird immer wieder öffentlich erörtert und es entsteht der Eindruck, dass Gewalt ständig zunimmt. »Die empirische Datenlage kann eine solche Annahme bisher nicht bestätigen, vielmehr ist die Befundlage z.T. widersprüchlich ...« (Schubarth 2010, 57). Geändert hat sich weniger die Quantität als die Qualität der Gewalthandlungen (Wawretschek-Wedemann 2013, 95). Deutlich ist allerdings, dass es nicht vornehmlich um körperliche Gewalt beispielsweise durch Schulhofprügeleien oder Gewalt durch verbale Beschimpfungen geht, sondern der Aspekt der psychischen Gewalt durch subtile Formen der Ausgrenzung, wie sie sich im Mobbing und Cyber-Mobbing zeigen, mehr Aufmerksamkeit findet. Diese Tendenz der Zunahme von psychischer Gewalt zeigte sich bereits bei den umfangreichen Forschungen, wie sie beispielsweise Tillmann u. a. Mitte der 1990er Jahre durchgeführt haben (vgl. Tillmann et al. 1999). Dabei gehen die Autoren von einem erweiterten Gewaltbegriff aus, indem sie sich zusätzlich zu körperlicher und psychischer Gewalt auf den Begriff der strukturellen Gewalt von Johan Galtung beziehen: »Gewalt liegt dann vor, wenn Menschen so beeinflusst werden, dass ihre aktuelle somatische und geistige Verwirklichung geringer ist als ihre potentielle Verwirklichung« ... Oder – noch weiter: Gewalt ist »etwas Vermeidbares, das der menschlichen Selbstverwirklichung im Wege steht« (nach Tillmann et. al. 1999, 22/23). Damit werden nicht nur einzelne Handlungen von Schüler:innen untersucht und benannt, sondern auch gesellschaftliche Zustände wie Bildungsungerechtigkeit bzw. strukturelle Zustände in Schulen.

Große Aufmerksamkeit fanden die Amoktaten in Erfurt 2002 und in Winnenden und Ansbach 2009. Oft waren diese Taten erst der Auslöser, dass Schulen sich intensiver mit der Thematik befassten und Kultusverwaltungen entsprechende präventive Programme auflegten. Folge davon waren die Entwicklung und Auflage einer größeren Zahl von Programmen, die u. a. in der sogenannten Grünen Liste Prävention aus Niedersachsen (www.gruene-liste-praevention) dargestellt und bewertet werden. In dieser Liste werden solche Maßnahmen erfasst, zu denen Evaluationen vorliegen.

Einer der ersten, der sich intensiver mit Gewalt an Schulen beschäftigt hat, war Dan Olweus, ein norwegischer Hochschullehrer, der in den 1970er Jahren eine umfassende Studie dazu erstellt hat. Dabei beschäftigte er sich insbesondere mit verschiedenen Formen der Ausgrenzung, die er mit dem englischen Begriff »Bullying« erfasste, was im deutschen Sprachraum dem Mobbing entspricht. Olweus entwickelte dabei ein Konzept, das ein Problembewusstsein und Betroffensein in den Schulen erzeugen soll. Mittels Fragebogenerhebung unter Schülern, Lehrkräften und teilweise bei Eltern und durch einen Pädagogischen Tag »Gewalt und Gewaltprävention an unserer Schule« werden dann auf Schul-, Klassen- und persönlicher Ebene Maßnahmen erarbeitet wie klare Regeln und ernsthafte Gespräche, um den Gewaltphänomen entgegenzuwirken (vgl. Noack 2011, 101).

In den letzten Jahrzehnten sind die Themen Mobbing und Cybermobbing deutlich stärker in den Fokus gerückt als die körperliche Gewalt. Dan Olweus hat es so formuliert, dass Mobbing dann vorliegt, »wenn eine schwächere Person wiederholt und über einen längeren Zeitraum verletzenden Handlungen von einer oder mehreren überlegenen Personen ausgesetzt ist und das Opfer sich nicht aus eigener Kraft gegen die Übergriffe zur Wehr setzen kann« (Olweus 1978 zit n. Wachs et al. 2016, 18). Erst dann spricht man von Mobbing, wenn es sich um *wiederholte* Taten mit *Verletzungsabsicht* und einem *Machtungleichgewicht* handelt (ebd., 18/19).

1.10 Gewalt im Internet/Cybermobbing

Auch die Themen Konflikte und Gewalt haben durch das Internet einen rasanten Wandel erfahren. Das Internet bietet auf der einen Seite große Möglichkeiten, sich gut zu informieren und insbesondere schneller zu kommunizieren, auf der anderen Seite sind die Gefahren insbesondere für Kinder und Jugendliche nicht zu unterschätzen. Das reicht von der Internetsucht, dem missbräuchlichen Sexting, dem Happy Slapping (Prügeleien, die gefilmt und ins Internet gestellt werden, um Menschen zu demütigen), bis hin zur großen Verbreitung von Pornografie, aber insbesondere dem Phänomen des Cybermobbings.

Laut der JIM-Studie, die sich regelmäßig mit dem Medienkonsum von Jugendlichen beschäftigt, haben zwei Fünftel der Jugendlichen (37 %) mitbekommen, dass jemand gemobbt wurde. Je älter die Jugendlichen waren, desto häufiger wurden sie Zeugen solcher Gewalttaten (klicksafe, Aufruf 18.2.21). Es handelt sich dabei um Schikanen, Verleumdungen, Gerüchte, Bloßstellen sowie Ausschluss bzw. Ignorieren, die die betroffenen Jugendlichen erleben. Eine besondere Rolle spielt dabei die Anonymität der Täter, die die Opfer besonders beunruhigt. Durch die Schnelligkeit, mit der die Informationen verbreitet werden, sind diese schlechter zu kontrollieren. Wenn Jugendliche leichtfertig Informationen und Bilder ins Netz stellen, können diese auch durch Weiterverbreitung an Personen, die sie eigentlich nicht erhalten sollen, missbraucht werden und zu Bloßstellungen führen.

Da mittlerweile laut einer JIM-Studie aus dem Jahr 2018 97 % der 12-19-Jährigen ein eigenes Smartphone besitzen und auch Grundschulkinder schon zu 50 % (vgl. Grund 2020), ist die Beschäftigung mit dem Internet und möglichen Folgen unumgänglich. Diese Thematik ist aber im Curriculum nicht verankert und es gibt kaum Unterrichtsmaterial dazu. Insofern ist es wichtig; wesentliche Fragen zum Thema im Unterricht zu behandeln. Dazu gehören Fragen wie: »Welche Regeln sollte es im Klassenchat geben? Wie gehe ich mit beleidigenden Kommentaren um? Was kann ich tun, wenn Freunde von mir im Netz von Mitschülerinnen und Mitschülern attackiert werden? Wie kann ich bei Mobbing helfen?« (Grund 2020, 34).

Es stellen sich aber auch Fragen des Datenschutzes, der Glaubwürdigkeit von Informationen im Netz, die gesamte Problematik von Hass und Hetze im Netz. Gerade in Zeiten von Corona werden über das Netz von den sog. Querdenkern Falschinformationen verbreitet, die den Meinungsbildungsprozess von Jugendlichen negativ beeinflussen. Insofern gilt es, der gesamten Thematik des Internets wesentlich mehr Zeit und Aufmerksamkeit in der Schule zu schenken, als dies bisher der Fall ist.

1.11 Sexualisierte Gewalt

Seit dem Bekanntwerden der sexuellen Übergriffe und Gewalt an der Odenwaldschule in den 1970er und 1980er Jahren sowie im

Canisius-Colleg in Berlin, die vor allen Dingen 2010 publik wurden, hat das Thema auch an den öffentlichen Schulen mehr an Aufmerksamkeit gewonnen. Seitdem werden Schutzkonzepte in den Schulen entwickelt, um zum einen zu sensibilisieren und dieser Form der Gewalt vorzubeugen und zum anderen beim Entdecken dieser Gewalt schnell reagieren zu können.

In der Regel gibt es sexualisierte Gewalt in Abhängigkeitsverhältnissen, und die Täter und Täterinnen sind meistens Erwachsene und die Opfer Kinder und Jugendliche. Sexuelle Gewalthandlungen können aber auch von Gleichaltrigen und von Fremden ausgehen. »Der Begriff der sexualisierten Gewalt schließt die gesamte Bandbreite möglicher Erscheinungsformen ein und verweist auf den Gesamtzusammenhang von Sexualität, Macht und Gewalt« (Maschke/Stecher 2017 nach Poitzmann/Sicking 2019, 23). 2016/17 wurde die sog. »SPEAK!«-Studie, an der über 2700 Schüler:innen der Jahrgangsstufen 9 und 10 teilnahmen, durchgeführt, um mehr über sexualisierte Gewalt in Erfahrung zu bringen.[3]

> »Dabei kam heraus, ›dass (vor allem nicht-körperliche) sexualisierte Gewalt häufig in der Schule stattfindet und dass darunter das Sicherheitsempfinden der Jugendlichen leidet.‹ Das Sicherheitsgefühl in der Schule falle umso negativer aus, je mehr die Jugendlichen Erfahrungen mit sexualisierter Gewalt gemacht haben. Dies treffe auch auf die ›stillen Beobachterinnen und Beobachter‹ sexualisierter Gewalt zu. Zudem sei ein hochsignifikanter Zusammenhang zwischen dem Erleben von Mobbing (in der Schule) und sexualisierter Gewalt beschrieben worden« (ebd., 24).

Es handelt sich dabei nicht um singuläre Erfahrungen. Die »SPEAK!«-Studie zeigt, dass beinahe die Hälfte aller befragten Schüler:innen von nicht-körperlichen Formen sexualisierter Gewalt betroffen sind. Und jeder vierte Jugendliche hat mindestens einmal im Leben körperliche sexualisierte Gewalt erlebt (ebd., 24).

Zur sexualisierten Gewalt gehören auch missbräuchliche Formen von Sexting. Unter Sexting versteht man das freiwillige Ver-

---

3 Im Jahr 2021 ist auch eine entsprechende SPEAK-Studie an Beruflichen Schulen veröffentlicht worden.

senden von freizügigen Fotos oder Videos. Es ist heute Teil der sexuellen Identitätsentwicklung und kann als Liebesbotschaft oder symbolisches Geschenk aufgefasst werden. Sehr problematisch ist aber die ungefragte Versendung von Fotos an andere Personen, um die dargestellte Person zu schädigen. Dies geschieht beispielsweise durch verletzte Ex-Partner:innen. Solche schädigenden Bilder können zu einem herben Reputationsverlust und andauerndem Mobbing führen (vgl. Poitzmann, 2018, 10 f.).

1.12 Gewalt gegen Lehrkräfte

Laut einer repräsentativen Umfrage des Meinungsforschungsinstituts Forsa im Auftrag des Verbandes Bildung und Erziehung (VBE) zu Beginn des Jahres 2020, d. h. noch vor Corona, haben Bedrohungen, Beleidigungen und Mobbing von Schülern gegenüber Lehrkräften im Vergleich zu einer Erhebung im Jahr 2018 erheblich zugenommen. In 61 % der Schulen gab es solche verbalen Übergriffe, in einem Drittel der Schulen sogar körperliche Gewalt. Letzteres betrifft insbesondere Grundschulen, wo jüngere Kinder ihre Emotionen noch nicht so gut beherrschen können. Auch nimmt die Zahl der Fälle zu, bei denen Lehrkräfte von Schülerinnen und »Schülern über das Internet diffamiert, belästigt und genötigt werden«. Problematisch ist auch, dass in vielen Fällen Eltern nicht kooperationswillig sind und betroffene Lehrkräfte nicht angemessen unterstützen. Allerdings wächst die Bereitschaft in den Schulen, Gewalt gegen Lehrkräfte nicht mehr als Tabuthema zu sehen (FR, 27.10.2020).

1.13 Störungen im Unterricht

Störungen im Unterricht sind ein alltägliches Phänomen in der Schule, und es wäre eine Illusion zu glauben, dass Störungen gänzlich zu vermeiden wären. Aber es gibt Strategien, wie man nicht nur als Berufseinsteiger diese deutlich reduzieren kann.

Mit Störungen sind vor allen Dingen Schwatzen, hohe Lautstärke und notorische Unruhe gemeint. Diese Phänomene treten in der Mehrzahl der Klassen viel häufiger auf als aggressive Störungen.

Um mit Störungen besser umgehen zu können, bedarf es einer Haltung seitens der Lehrkraft, diese als eine Mitteilung zu verstehen, um nach den Ursachen zu forschen und nicht zu versuchen, diese nur als bewusste Handlungen von Schülerinnen und Schülern zu sehen. Es geht also um die Haltung eines reflektierenden Praktikers, der seine Selbstreflexionskompetenz stärkt (vgl. Lohmann 2007, 51 ff.) und diagnostische Fähigkeiten einsetzt. Das bedeutet, Unterricht aus der Sicht der Schülerinnen und Schüler zu betrachten. »Eine Störung kann Ausdruck davon sein, dass im Unterricht etwas nicht stimmt, Kinder unter- oder überfordert sind, schwelende Konflikte in der Peergroup ungelöst sind, oder sich die Lernenden mehr Autonomie oder Partizipation wünschen« (Wettstein/Scherzinger 2019, 14). Da es sich bei Störungen um ein soziales Problem handelt, können diese sowohl von den Schüler:innen als auch von der Lehrperson verursacht sein. Bei den Lehrkräften kann dies in problematischen Routinehandlungen münden, die sich in unbewusstem und stereotypem Handeln mit Druck und Strafe zeigen oder darin, Störungen zu ignorieren und die Ursache einseitig den Schülerinnen und Schülern zuzuschreiben.

Ein wesentliches Element, um Störungen vorzubeugen, ist eine gute Schüler-Lehrer-Beziehung. Daneben sind eine angemessene Klassenführung, eine gute Unterrichtsvorbereitung sowie Regeln und Rituale wichtig. Eine gute Beziehung drückt sich in »einem freundlichen Umgangston, wechselseitigem Respekt, Herzlichkeit und Wärme, Nähe, Sicherheit und Vertrauen« aus, also eine Beziehung, die authentisch ist (ebd., 128). Bedeutsam sind ferner ein klarer und flüssiger Unterrichtsverlauf und eine gute Rhythmisierung. Viel ist auch gewonnen, wenn man sich als Lehrkraft regelmäßig Feed-back (▶ Kap. 3.9) von den Schüler:innen geben lässt und sie im Sinne der UN-Kinderrechtskonvention systematisch an Inhalten und Formen des Unterrichts partizipieren lässt.

Ausführlicher wird das Thema im Buch von Wettstein und Scherzinger »Unterrichtsstörungen verstehen und wirksam vorbeugen« (2019) behandelt.

1.14 Sucht und andere Formen der Gesundheitsschädigungen

Seit den 1970er Jahren ist das Thema Sucht verstärkt in den Fokus der Schule gerückt, weil Schülerinnen und Schüler nicht nur außerhalb der Schule Drogen konsumierten und dies Einfluss auf ihr Verhalten hatte, sondern Suchtmittel auch vor oder in der Schule gehandelt wurden. Wenn es früher hauptsächlich um die Themen Rauchen und Alkohol ging, so kamen später andere Drogen wie Cannabis und Heroin hinzu, in den 2000er Jahren dann noch synthetische Drogen wie Crack u. a. Das Thema Sucht umfasst aber nicht nur stoffliche Süchte, sondern hierzu zählen die nichtstofflichen Abhängigkeiten wie Spielsucht und Internetsucht.

Während der Konsum von Zigaretten in den vergangenen zehn bis fünfzehn Jahren sich um zwei Drittel verringert hat, hat das Rauchen von Wasserpfeifen (Shisha) und der Konsum von E-Zigaretten zugenommen. Die Inhaltsstoffe von E-Zigaretten können zu chronischer Bronchitis führen. Auch der Alkoholkonsum ist zurückgegangen, dennoch ist mit 21.721 jugendlicher Patienten, die wegen akutem Alkoholmissbrauch stationär behandelt werden mussten, weiterhin ein hohes Niveau vorhanden (Poitzmann/Sicking 2019, 31)

1.14 Sucht und andere Formen der Gesundheitsschädigungen

Neuere Phänomene zeigen sich im Konsum von Energydrinks, die mit ihrem hohen Koffeingehalt als psychotrope Substanz bezeichnet werden. Damit ist auch der Einstieg in Alkoholkonsum gegeben, wie erste Studien zeigen (DAK-Präventionsradar nach Poitzmann/Sicking 2019, 32), zumal wenn diese Drinks mit hochprozentigem Alkohol vermischt werden. »Der hohe Zuckergehalt und Koffein nimmt Einfluss auf die Gesundheit (Schlaf-/Wachrhythmus, Gewicht, Fitness etc.« (ebd., 33). Die Zunahme von übergewichtigen Kindern und Jugendlichen hängt mit diesem Konsumverhalten zusammen.

Der Konsum von Cannabis nimmt – nachdem er in den 2000er Jahren zurückgegangen war – seit 2011 wieder zu.

Die Internetabhängigkeit zeigt sich durch die Nutzung sozialer Medien (WhatsApp, Instagram, SnapChat) besonders stark bei Mädchen; zwischen 2011 und 2015 hat sich die Zahl der Nutzerinnen fast verdoppelt. Eine regelrechte Sucht und damit Abhängigkeit lässt sich bei 3,4 % der Mädchen konstatieren. Bei Jungen ist das weniger stark ausgeprägt, dafür gibt es bei ihnen eine problematische Nutzung von Suchtspielen. »Zu den glücksspielbezogenen Problemen gehören psychische Stressbelastung, gesundheitliche Probleme (Übelkeit, Kopfschmerzen etc.), Hyperaktivität, emotionale Probleme, Verhaltensauffälligkeiten, Konflikte mit Gleichaltrigen, Leistungsabfall in der Schule, erhöhte Affinität zu Substanzkonsum, Überschuldung, ein gestörtes Vertrauensverhältnis zu den Bezugspersonen sowie Beschaffungskriminalität« (ebd., 36).

Weitere Phänomene im Bereich Gesundheit liegen in Essstörungen, mangelnder Bewegung und Stress. Ca. ein Fünftel der Kinder und Jugendlichen im Alter von 11 bis 17 Jahren zeigen Symptome von Essstörungen. Übergewicht, Bewegungsmangel und Stress führen dazu, dass schon jüngere Menschen Krankheiten wie Diabetes Typ 2, Gefäßerkrankungen und Stoffwechselstörungen haben, Krankheiten, die eigentlich erst im Alter auftreten. Übergewicht wird durch schlechte Ernährung (Fastfood) und mangelnde Bewegung verursacht. Seelische und emotionale Störungen nehmen ebenfalls zu, der Suizid ist dabei das gravierendste Problem (vgl. Bründel 2014).

1 Aktuelle gesellschaftliche Phänomene und Herausforderungen

All diese Probleme, die in der Corona-Pandemie mit den Schulschließungen eher zu- als abnehmen werden, zeigen, dass es sehr wichtig ist, dass die Schule soziale und emotionale Lebenskompetenzen mit entwickeln sollte, um Kinder und Jugendliche resilient für zukünftige Herausforderungen zu machen. Insofern sollte diesem Bereich in Schule mehr Aufmerksamkeit geschenkt werden.

1.15 Globalisierung

In dem Reigen der gesellschaftlichen Einflüsse, die auf die Schule wirken, darf das Thema Globalisierung nicht fehlen. Wie oben bereits erläutert wäre die Ausbreitung der Corona-Pandemie in dem schnellen Maße ohne Globalisierung nicht denkbar gewesen. Die Ursachen für Pandemien hängen mit der derzeit größten Herausforderung dem Klimawandel und der Ausbeutung der Natur durch den Menschen zusammen. Infolgedessen kommt es zur »Zunahme an durch zoonotische Übertragung entstehenden Infektionskrankheiten und deren Ausbreitung zu Epidemien und Pandemien« (Zusammenleben 2021, 53). Es gibt eine große Überschneidung von Klimawandel und Pandemien. »Eine zentrale Rolle spielt bei beiden die Expansion der industriellen Landwirtschaft, die Ausbeutung der Natur, die Zerstörung von Ökosystemen und der damit verbundene Rückgang der Biodiversität. Grundlegend geht (es) beim Klimawandel wie bei den Entstehungsbedingungen von neuartigen Epidemien und Pandemien um das Verhältnis von Mensch und Natur unter Bedingungen eines globalisierten Kapitalismus« (ebd.). Natuschutz und Gesundheitsschutz hängen ganz eng zusammen.

Die Folgen des Klimawandels sind in den letzten Jahren immer deutlicher zutage getreten. Es beginnt bei dem rasanten Abschmelzen von Gletschern und Eismassen am Nord- und Südpol, in dessen Folge kommt es zum Ansteigen des Meeresspiegels mit Überschwemmungen, Naturkatastrophen durch Hurrikane, extremen Trockenheiten mit langdauernden Wald- und Buschbränden und extrem heißen Sommern, wie wir sie in Deutschland erlebt haben und erleben werden. Die Gefahr, dass dieser Klimawandel nicht mehr aufhaltbar ist und die Lebensgrundlage für Millionen Menschen nicht mehr gewährleistet werden kann, ist sehr groß. Diese Gefahren, die durch tausende Wissenschaftler belegt wurden und werden, haben junge Menschen in der Fridays-for-Future-Bewegung veranlasst, aktiv zu werden.

Die Folgen des Klimawandels werden auch durch die weltweiten Flüchtlingsbewegungen sichtbar. Zwar sind auch Kriege und Misswirtschaft von Regierungen Ursachen, aber die Zerstörung von Lebensgrundlagen zwingen immer mehr Menschen, ihre Heimat zu verlassen und Orten zuzustreben, wo ein auskömmliches Leben möglich ist.

Diese kurze Beschreibung verdeutlicht, dass Globalisierung ein wichtiges Thema in der Schule ist. Im Konzept der Global Citizen Education und den Global Goals wird dieser Aspekt besonders aufgegriffen.

2

Grundsätzliche Strategien der Bewältigung

Die zuvor genannten Herausforderungen sind zusammengenommen sehr komplex. Bevor im dritten Kapitel in Praxis umsetzbare Formen des Umgangs mit einzelnen Phänomenen dargelegt werden, gilt es zunächst, zentrale Aspekte zu beleuchten, auf deren Grundlage konkretes Handeln erfolgen kann. Dabei sind rechtliche Grundlagen wie die Kinderrechte eine zentrale Orientierungsbasis für die pädagogisch Handelnden.

In den letzten zwanzig Jahren hat sich insbesondere durch das BLK-Programm »Demokratie lernen und leben« (2002–2007) eine breite wissenschaftliche und praktische Debatte entwickelt, mit welchen Mitteln die Demokratie schon von klein an vermittelt und in Praxis umgesetzt werden kann. Daraus hat sich das Feld der Demokratiepädagogik entwickelt, das durch Konferenzen, Seminare, Fortbildungen und einen Masterstudiengang an der FU Berlin seinen Niederschlag fand. Die Jahrbücher für Demokratiepädagogik sind ein weiterer Ausdruck dieser Entwicklung.

Im Laufe dieses Prozesses ist deutlich geworden, dass über die Politische Bildung hinaus Demokratie vom Kindergarten über die Grundschule und Sekundarschule bis zur Oberstufe gelernt werden kann und muss, damit sich junge Menschen schon sehr früh mit Demokratie identifizieren können und dies positiv bis ins Erwachsenenleben hineinwirkt. Damit geht der Anspruch einher, dass dieses Thema nicht nur für Geschichts- und Politiklehrkräfte bedeutsam ist, sondern für alle im pädagogischen Feld Tätigen. Für die Schule heißt das, dass demokratische Schulentwicklung ein elementarer Aspekt für eine gute Schulkultur ist. Hierzu gehören Themen der konstruktiven Konfliktbearbeitung, des interkulturellen Lernens und die Kinderrechte, die bis zum 18. Lebensjahr gelten. Demokratische Schulentwicklung ist keine Selbstverständlichkeit und bedarf eines immerwährenden Prozesses der gesamten Schule, das Thema nicht aus den Augen zu verlieren und sich ständig neuen Herausforderungen zu stellen. In diesem Kapitel werden hierzu die wesentlichen Inhalte und methodische Ansätze referiert.

2.1 Menschenrechtsbasiertes Miteinander auf der Grundlage der Kinderrechte

Auf welcher Grundlage können die diversen genannten Probleme, Konflikte sowie negativen Zuschreibungen am besten gelöst werden?

> »Die Kinderrechte unterstützen Schulen, kommunale Träger der Kinder- und Jugendhilfe wie der außerschulischen Bildung bei der Bewältigung solcher Herausforderungen. Sie bieten einen geeigneten Bewertungsrahmen

in Entscheidungssituationen und sind ein hilfreicher Bezugspunkt zur Reflexion der pädagogischen Praxis« (Kaletsch 2019, 160).

Hierzu ist es notwendig, als pädagogische Fachkraft die Menschen- und Kinderrechte nicht nur zu kennen, sondern auch deren Normen im Alltag zu leben und sie angemessen an Kinder und Jugendliche zu vermitteln.

> »Denn Menschenrechte greifen die elementaren Grundbedürfnisse auf und beschreiben ihre Schutzbereiche und Ansprüche. Zu den elementaren Grundbedürfnissen gehören neben den physiologischen Bedürfnissen (wie Unterkunft, Nahrung, Gesundheit) und den Sicherheitsbedürfnissen auch die sozialen Bedürfnisse (Kontakt, Zuwendung und Zugehörigkeit zu einer Gruppe) und die von Ballreich (2006, 27) so genannten ›Ich Bedürfnisse‹: die Bedürfnisse nach Selbstentfaltung, Unabhängigkeit, Freiheit, Identität, Wissen und Verstehen« (ebd., 161).

Ein zentraler Begriff in diesem Zusammenhang ist die Würde des Menschen, wie sie auch im Artikel 1 des Grundgesetzes genannt ist. Alles, was die Würde des Menschen verletzt, ist zu verhindern bzw. zu ahnden.

Die UN-Kinderrechtskonvention (UN-KRK) wurde am 20. November 1989 verabschiedet und 1992 von der Bundesrepublik ratifiziert. Seit 2010 gilt sie vollumfänglich für alle Kinder und Jugendliche, die in Deutschland leben, also auch für Geflüchtete. Vor 2010 gab es einen Vorbehalt für die Rechte geflüchteter Kinder und Jugendliche wie z. B. in Hinblick auf Zugang zu Bildung und kindgerechte Unterbringung. Sowohl die Menschenrechte, die 1948 von den Vereinten Nationen verabschiedet wurden, als auch die Kinderrechte umfassen die Einheit der drei Prinzipien: Universalität, Unteilbarkeit und vor allem auch ihre Unabgeschlossenheit, d. h. die Notwendigkeit, sie an neuere gesellschaftliche Entwicklungen anzupassen (vgl. ebd., 165). Das weitergehende Menschenrechtsverständnis der UN-Kinderrechtskonvention drückt sich darin aus, dass darin »erstmals sowohl die Grundlagen der bürgerlichen Freiheitsrechte als auch die wirtschaftlichen, sozialen und kulturellen Rechte« zusammenkommen (ebd.).

2.1 Menschenrechtsbasiertes Miteinander auf der Grundlage der Kinderrechte

Im Zentrum der Kinderrechte stehen die vier Prinzipien: Gleichheit, Schutz, Förderung und Partizipation. Diese Prinzipien lassen sich in der folgenden Grafik darstellen.

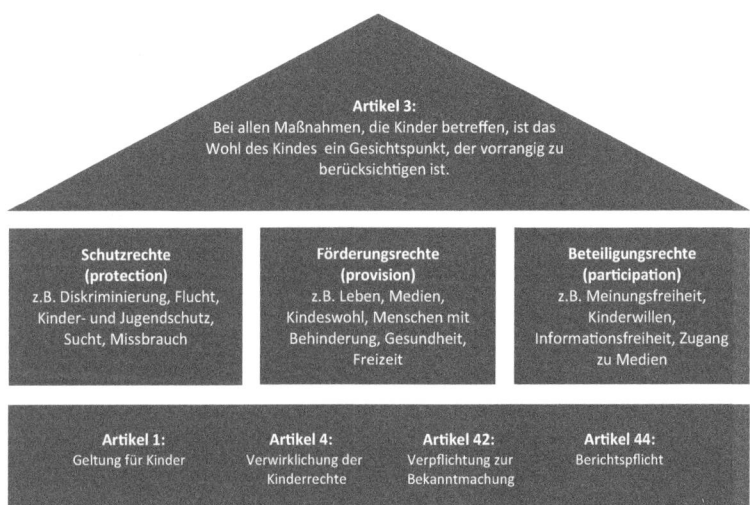

Abb. 1: Das Gebäude der Kinderrechte (www.Kindernothilfe.de/kinderrechte.html)

Bei der Umsetzung der Kinderrechte ist auffallend, dass die Beteiligungsrechte oft hinten runterfallen bzw. aus dem Blickfeld geraten. Gerade in der Corona-Pandemie ist das sehr auffällig geworden (▶ Kap. 1.1.). Sie sind aber genauso elementar wie die Schutz- und Förderungsrechte.

In der Schule ist die UN-KRK ein sehr geeigneter Bezugsrahmen, um das Verhältnis zwischen Lehrkräften und Schülerinnen und Schülern zu gestalten. Das betrifft sowohl das Aneignen von Inhalten im Unterricht oder in Projekten als auch die Lern- und Arbeitsatmosphäre (vgl. Kaletsch 2019, 166). Viel zu wenig werden Schülerinnen und Schüler systematisch nach ihren Interessen, ihrem Vorwissen und der Art und Weise, wie gelernt werden soll, befragt. Aneignungsprozesse gelingen wesentlich besser, wenn die lernenden Subjekte gefragt und ihre besonderen Fähigkeiten zum Tragen kommen. Dies zeigt sich u. a. beim erfolgreichen Peer-to-Peer-Lernen (▶ Kap. 3.8.).

Sowohl die Erwachsenen als auch die Kinder und Jugendlichen sind aufgefordert, die Kinderrechte aktiv zu leben. Dies kann beispielsweise bei der Klärung von Anliegen in der Klasse erfolgen.

> »Es macht einen großen Unterschied, ob eine Klasse direkt über Ausflugsziele verhandelt oder die Teilnehmenden zunächst der Frage nachgehen, was passieren muss, damit alle zusammen einen angenehmen Tag verbringen und sich dabei wohlfühlen können. Auf diesem Weg erfahren alle Beteiligten Wertschätzung: Sie vergewissern sich, was ihnen selbst wichtig ist und welche Bedürfnisse sie selbst haben – und zugleich erfahren sie etwas über die Bedürfnisse und Wünsche, aber auch Einschränkungen der anderen im Raum« (ebd., 169).

Durch eine Klärung anhand von Bedürfnissen aller lässt sich beispielsweise feststellen, dass allergiegeplagte Kinder im Frühjahr einen Ausflug ins Freie nicht schätzen würden und die Gruppe daher nach Alternativen suchen müsste.

Die Kinderrechte sind mittlerweile deutlich verbreiteter und an verschiedenen Stellen verankert. So stehen sie beispielsweise seit 2011 im Hessischen Referenzrahmen Schulqualität. Sie sind damit ein Merkmal einer guten Schule und ein Aspekt in der Ausbildung von Lehrkräften. Allerdings ist das noch kein Garant, dass es verpflichtender Bestandteil in der Ausbildung bzw. fest in den Schulen verankert ist. Diese Einschränkungen zeigen, dass es noch deutlichen Handlungsbedarf gibt.

Auch stehen die Kinderrechte in fast allen Landesverfassungen. Eines der letzten Bundesländer, das die Kinderrechte in einer Volksabstimmung 2018 in die Verfassung aufgenommen hat, war Hessen. Folgende Formulierung wurde aufgenommen:

> »Jedes Kind hat das Recht auf Schutz sowie auf Förderung seiner Entwicklung zu einer eigenverantwortlichen und gemeinschaftsfähigen Persönlichkeit. Bei allen Maßnahmen, die Kinder betreffen, ist das Wohl des Kindes ein wesentlich zu berücksichtigender Gesichtspunkt. Der Wille des Kindes ist in allen Angelegenheiten, die es betreffen, entsprechend seinem Alter

2.1 Menschenrechtsbasiertes Miteinander auf der Grundlage der Kinderrechte

und seiner Reife im Einklang mit den geltenden Verfahrensvorschriften angemessen zu berücksichtigen. Die verfassungsmäßigen Rechte und Pflichten der Eltern bleiben unberührt« (§ 4 Abs. 2 HV).

Die Kinderrechte
Gleichheit, Schutz, Förderung, Partizipation

Schüler, Lehrkräfte, pädagogische Fachkräfte, Eltern, Schulleitung, Partner

Inhalt	Organisation
Kinderrechte -Wissen & Kinderrechte-Kompetenzen Praxis-Materialien, Projekte, Unterrichtsthemen, Elterninformationen…	**Organisation & Kommunikation** Prozesse, Webseite, Ausstellungen, Pinnwand-Info…
Kinderrechte -Lernkultur & Kinderrechte -Schulkultur Methoden, Schwerpunkte, kulturelle Praxis, Kinderrecht e-Check, Klassenrat, Schulversammlung…	**Schule** Steuergruppe, Zusammenarbeit der innerschulischen Gruppen…
Kinderrechte -Schulprogramm Curricula, Struktur, Schulleitbild, Schulprofil	**Partner & Transfer** außerschulische und schulische Partner, Fortbildung, Ganztag

Zielplanung › Zielplanung › Vorbereitung › Erprobung › Implementierung

Abb. 2: Schulentwicklung mit dem Haus der Kinderrechte (Quelle: Edelstein-Krappman/Student 2014, S. 70).

2021 gab es das Vorhaben, die Kinderrechte in das Grundgesetz aufzunehmen. Allerdings konnten sich die damalige Regierungskoalition aus CDU und SPD und die Opposition nicht einigen. Der damalige Entwurf wäre ein Rückschritt zur aktuellen Rechtsprechung gewesen.

2 Grundsätzliche Strategien der Bewältigung

Um Kinderrechte nachhaltig in der Schule zu verankern, bedarf es entsprechender Maßnahmen im Hinblick auf Schulentwicklung. Daher gibt es seit einigen Jahren Unterstützungsangebote für Schulen, die sich in sogenannten Kinderrechte-Schulen in mehreren Bundesländern manifestieren. Eine Entwicklung kann dabei mit dem »Haus der Kinderrechte« erfolgen (Student, 2014, 70)

Das Modell zeigt, dass die Kinderrechte auf möglichst vielen Inhaltsebenen vermittelt werden. Dazu ist eine entsprechende Organisationsstruktur notwendig.

Am Beispiel einer Grundschule aus Südhessen lassen sich die Inhalte der Kinderrechte folgendermaßen darstellen:

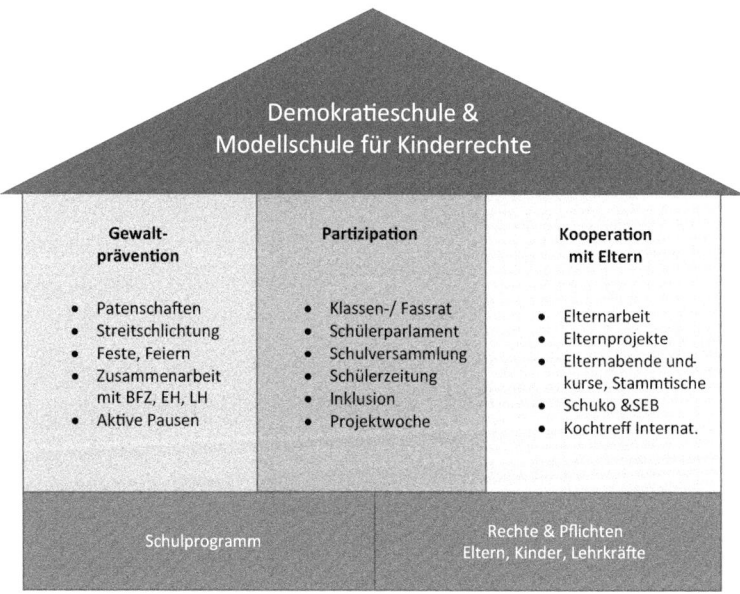

Abb. 3: Haus der Kinderrechte und Demokratie der Albert-Schweizer-Schule (Stand November 2012; Quelle: Albert-Schweizer-Schule, in: Edelstein/Krappman/Student 2014, S. 107 Autorin: Barbara Busch).

Das hessische Projekt »Gewaltprävention und Demokratielernen« (GuD) hat seit 2008 Kinderrechte-Schulen durch demokratische Schulentwicklung unterstützt und seit 2015 in einem festen Netzwerk von Prozessentwicklungsgruppen integriert (Rademacher, 2014) (▶ Kap. 2.6.).

In einem Manifest hat Lothar Krappmann in 84 Thesen wesentliche Aspekte und Umsetzungsschritte der Kinderrechte beschrieben. Dabei werden die Beteiligungsrechte unter verschiedenen Aspekten beleuchtet, beispielsweise »Demokratische Schulkultur und Schulverfassung« (s. Krappmann/Petry, 2016, 47 ff.).

2.2   Demokratiebildung/Demokratiepädagogik

»Demokratien haben ein großes Potential an Rationalität und Fantasie. Gleichzeitig sind sie nicht gegen Denkfehler, Provinzialismus, übereiltes Handeln, Nachlässigkeit, Egoismus und Engstirnigkeit gefeit. Eine Bildung, die hauptsächlich auf Rentabilität und Wettbewerbsfähigkeit auf dem Weltmarkt ausgerichtet ist, vergrößert diese Defizite. Sie produziert habgierige Beschränktheit und technisch gebildete Gefügigkeit« (Nussbaum, 2016, 167).

Aus diesem Zitat wird deutlich, auf was es bei der Demokratiebildung im weitesten Sinne ankommt: kritische Reflexionsfähigkeit und Diskursprozesse, die den gesamten Menschen mit seinen Gefühlen und Widersprüchen umfassen. In der Schule bedarf es Gelegenheitsräume, dies in Praxis zu üben.

Demokratie kann nicht genetisch vererbt werden, sie muss an jedem neuen Tag immer wieder gelernt werden – die Demokratie fällt nicht vom Himmel (Edelstein 2014, 136).

»Demokratie ist einerseits *Verfassungsgebot* und andererseits *Erziehungsziel* in allen Schulgesetzen der Republik. Das ergibt sich aus den Menschenrechtsbestimmungen des Grundgesetzes (Artikel 1–19): Demokratie, Menschenwürde, Freiheit, Gleichheit, Inklusion

(d. h. Sozialstaatsgebot)« (ebd.). Auch aus den Kinderrechten lässt sich wie oben beschrieben das Beteiligungsrecht ableiten. Die europäischen Länder haben einen Pakt zur Demokratieerziehung geschlossen (Education for Citizenship and Human Rights Education – EDC/HRE) und betonen damit deren Bedeutung. Dabei sind die Teilhaberechte und die Verantwortlichkeitspflichten ein grundlegendes Merkmal demokratischer Ordnungen (s. ebd., 137). Aus dem Verfassungsgebot – worüber es im Prinzip einen Konsens gibt, abgesehen von Verfassungsfeinden – ergibt sich die Frage, mit welchem Ziel in der Schule Demokratie gelernt werden sollte. Darüber gibt es keinen Konsens in der Praxis. Denn in den Schulen wird das sehr unterschiedlich gehandhabt und ist meistens nicht oberste Priorität des Lernens, d. h. auch nicht Unterrichtsprinzip, was es sein sollte.

Diese mangelnde Entwicklung von Demokratielernen führte um die Jahrtausendwende angesichts von Fremdenfeindlichkeit, Rechtsextremismus und Politikverdrossenheit dazu, ein bundesweites Bund-Länder-Kommissions-Projekt (BLK) »Demokratie lernen und leben« aufzulegen. Die Expertise dazu schrieben die Professoren Wolfgang Edelstein und Peter Fauser (Edelstein/Fauser 2001). An dem Programm, das von 2002–2007 durchgeführt wurde, beteiligten sich 13 Bundesländer. Jedem Bundesland standen ausreichend Mittel zur Verfügung, um eine Anzahl von ca. 20 Schulen pro Land über einen längeren Zeitraum zu begleiten, mit dem Ziel, Demokratielernen fest zu installieren. Jedes Land bestimmte dabei einen oder zwei Schwerpunkte. Vier Schwerpunkte waren vorgegeben:

1. *Unterricht*, d. h. Beteiligung von Schülerinnen und Schülern an der Auswahl der Unterrichtsgegenstände, an der Form des Unterrichts und ein Recht auf Feedback an die Lehrperson.
2. *Projekte*, d. h. beispielsweise die Auseinandersetzung mit ökologischen Fragen mit Bezug zum Umfeld der Schule (z. B. Anlegen eines Schulgartens), Kunst- und Theaterprojekte oder Sozialprojekte (Spendensammlungen, Unterstützung von Kindern aus so-

zial schwachen Familien). Solche Projekte erfordern ein hohes Maß an Eigenständigkeit der Schülerinnen und Schüler in der Planung, Dokumentation und Auswertung und fördern insofern kognitive, kreative und soziale Kompetenzen.
3. *Demokratie in der Schule*: Dabei geht es um die demokratische Gestaltung der Schule im Inneren, d. h. durch eine gute Schülervertretung, Klassenräte (▶ Kap. 3.1.), Jahrgangsversammlungen oder Schulparlament. Dazu kann auch die Verwaltung eines eigenen Budgets (▶ Kap. 3.5.) gehören. Ferner geht es auch um konstruktive Konfliktregulierungen, wie sie durch Mediation erfolgt (▶ Kap. 2.5.). In diesen Prozessen geht es um Transparenz, Ernstnehmen der Interessen der Schülerinnen und Schüler. Es muss von den Erwachsenen auch gesagt werden, wo die Grenzen der Mitbestimmung durch die Schulgesetze liegen. Beispielsweise ist es nicht ohne weiteres möglich, Noten abzuschaffen.
4. *Schule in der Demokratie*: Hier geht es darum, wie die Schule in das demokratische Gemeinwesen hineinwirkt. Beispiele dafür sind Initiativen für bessere Radwege, Verhinderung einer Baumfällaktion, Nachhaltigkeitsprojekte im ökologischen Bereich oder historisch-politisches Lernen. Das Projekt »Lernen durch Engagement« und das »Förderprogramm Demokratisch Handeln« (▶ Kap. 3.13 und ▶ Kap. 3.14.1) bieten dazu eine Reihe an Anregungen (s. auch Edelstein, 2014, 139–141). Gute und genaue beschriebene Beispiele finden sich im Praxisbuch Demokratiepädagogik (Edelstein/Frank/Sliwka, 2009).

Aus der Erfahrung des BLK-Programms »Demokratie lernen und leben« hat Wolfgang Edelstein drei zentrale Begriffe genannt, die von großer Bedeutung sind: Anerkennung, Selbstwirksamkeit, Verantwortungsübernahme.

Ein demokratischer Habitus lässt sich ausbilden, indem Kinder und Jugendliche für ihr Handeln Anerkennung und Wertschätzung erfahren, eine ganz wesentliche Voraussetzung in Erziehungsprozessen und damit auch im Zusammenhang mit demokratischem

Lernen. Wenn ich erlebe, dass ich mit meinem Handeln wirksam bin, werde ich mich damit identifizieren können. Anerkennung und Selbstwirksamkeit erfahre ich bei der Verantwortungsübernahme, sei es die Übernahme eines Amtes, bei der Organisation eines Projekts oder der Unterstützung anderer Menschen. Wenn diese Erfahrungen in gute Lernprozesse integriert werden, ist die Wahrscheinlichkeit der Identifikation mit Demokratie relativ groß.

Das BLK-Programm war ein ganz wesentlicher Anstoß, dass sich ein neues Feld im Kontext von Demokratielernen, nämlich die Demokratiepädagogik, entwickelte, die mittlerweile durch Forschungen und Publikationen in der Wissenschaft einen Platz eingenommen hat (s. u. a. die Jahrbücher für Demokratiepädagogik).

Demokratiepädagogik im weitesten Sinne lässt sich auf John Dewey, einen US-amerikanischen Philosophen und Pädagogen, zurückführen, der schon zu Beginn des 20. Jahrhunderts Demokratie weiter fasste. Er schrieb schon damals: »Die Demokratie ist mehr als eine Regierungsform; sie ist in erster Linie eine Form des Zusammenlebens, der gemeinsamen und miteinander geteilten Erfahrung« (Dewey, nach Pogrebinschi 2018). Das weist darauf hin, dass es bei dem Lernen von Demokratie nicht nur darum gehen kann, das politische System zu verstehen – wie es vornehmlich durch den Politikunterricht erfolgt –, sondern, dass es darüber hinaus positive Erfahrungen im Alltag mit Demokratie geben muss. Dewey verknüpft die Demokratieidee mit der einer angemessenen Erziehung.

> »Dewey meint, dass keine Demokratie als Herrschaftsform oder als Regierungssystem lebensfähig sein könne, wenn die Menschen nicht in Freiheit und Gleichheit und im gleichberechtigten Zusammenwirken mit anderen Menschen die ›Fülle einer ganzheitlichen Persönlichkeit‹ erlangen und wenn die ursprüngliche ›soziale Idee‹ der Demokratie nicht in den Haltungen und im Verhalten der Menschen im täglichen Leben verankert sei« (Himmelmann 2007, 43).

Diese Überlegungen hat Gerhard Himmelmann, ehemaliger Politikdidaktiker an der TU Braunschweig, aufgegriffen und aus politikdidaktischer Perspektive das Thema »Demokratie« zum Bezugspunkt gemacht und damit das Demokratielernen in den Mittelpunkt sei-

2.2 Demokratiebildung/Demokratiepädagogik

ner Überlegungen gestellt. Er beschreibt dabei Demokratie als Lebens-, Gesellschafts- und Regierungsform. Dabei werden die Ebenen des »Wissens«, der »Einstellungen« und der »Verhaltensweisen« unterschieden, um ein Lernen mit »Kopf, Herz und Hand« zu ermöglichen (vgl. ebd., 26). Demokratielernen ist insofern nicht auf die kognitive Ebene beschränkt, sondern es gilt, auch Haltungen zu vermitteln, die zu Handlungen führen können. Dies erfolgt im Politikunterricht unter den Prämissen des Beutelsbacher Konsens, zu dem das Überwältigungsverbot, das Kontroversitätsgebot und die Orientierung an Schülerinteressen gehören (vgl. Widmaier/Zorn, 2016).

Himmelmann hat in diesem Zusammenhang ein Stufenmodell entwickelt, in welchen Phasen und in welchen Schulstufen Demokratie als Lebens-, Gesellschafts- und Herrschaftsform (Regierungsform) vermittelt werden könnte.

Tab. 1: Strukturbild: Erziehung/Bildung zur »demokratie-kompetenten Bürgerschaftlichkeit« (Quelle: Himmelmann 2007, S. 269)

Demokratie	Lebensform (personale, soziale, moralische Voraussetzungen)	Gesellschaftsform (Pluralismus, Konkurrenz, Öffentlichkeit, Zivilgesellschaft)	Herrschaftsform (Demokratie/Politik, Macht, Kontrolle, Menschenrechte, Volkssouveränität, Recht, Entscheidungsverfahren)
Ziele Stufen	»Selbst«-Lernen Ich-Kompetenz	Soziales Lernen Soziale Kompetenz	Politik-Lernen Demokratie-Kompetenz
Grundschule	xxx	xx	x
SEK. I	xx	xxx	x
SEK. II	x	xx	xxx

xxx Schwerpunkte

2 Grundsätzliche Strategien der Bewältigung

Basierend auf den Überlegungen von Himmelmann hat Wolfgang Edelstein die folgende operative Bestimmung von Demokratiepädagogik vorgenommen:

»Demokratiepädagogik umfasst pädagogische, insbesondere schulische und unterrichtliche Aktivitäten zur Förderung von Kompetenzen, die Menschen benötigen,

- um an Demokratie als Lebensform teilzuhaben und diese aktiv in Gemeinschaft mit anderen Menschen zu gestalten;
- um sich für Demokratie als Gesellschaftsform zu engagieren und sie durch partizipatives Engagement in lokalen und globalen Kontexten mitzugestalten;
- um Demokratie als Regierungsform durch aufgeklärte Urteilsbildung und Entscheidungsfindung zu erhalten und weiterzuentwickeln« (Edelstein 2007, 203/204).

Mit Demokratie als Lebensform ist in der Schule gemeint, wo immer es geht, die Schülerinnen und Schüler mit ihren Vorstellungen und Ideen mit einzubeziehen. Das beginnt schon im alltäglichen Unterricht, bei dem sie ihre Ideen in Hinblick auf Inhalte und Methoden einbringen sollten. Das kann sich so ausdrücken, dass vor jeder Unterrichtseinheit systematisch abgefragt wird, welches Vorwissen die Schüler:innen haben, was sie interessiert und was sie lernen möchten, um so ihre Motivation und Neugierde zu erlangen. Es heißt auch Bewertungskriterien für die Leistungen transparent zu machen und Schüler:innen fair einzubeziehen. Wie weiter oben bereits ausgeführt gehören hier unterschiedlichste Beteiligungsformen insbesondere der Klassenrat (▶ Kap. 3.1) dazu.

Demokratie als Gesellschaftsform weist in Bezug auf die Schule über diese hinaus und wirkt in den Sozialraum. D. h., dass sich die Schule mit ihrer gesellschaftlichen Umgebung verknüpft, indem sie mit Vereinen, Initiativen und Gremien zusammenarbeitet und diese in den Lernprozess integriert. Ein gutes Beispiel ist das Lernen durch Engagement (▶ Kap. 3.13), bei dem beispielsweise die Schülerinnen und Schüler aller 8. Klassen einen ganzen Tag in der Woche in Altenheimen, bei Sportvereinen, einem lokalen Radio oder in einem Museum mitarbeiten. Diese Erfahrungen werden dokumentiert und gemeinsam ausgewertet. Notwendig und sinnvoll ist es, dass diese Erfahrungen auch in einen gesellschaftspolitischen Kontext gestellt und in diesem Sinne reflektiert werden. In Bezug auf die Erfahrungen in einem Altenheim können dabei Fragen der Gesundheitspolitik (ganz aktuell zu Corona), der Tarifpolitik und der Sozialpolitik behandelt werden. Viele gute Beispiele, wie Demokratie als Gesellschaftsform realisiert werden kann, finden sich in der Datenbank des Förderprogramms Demokratisch Handeln (▶ Kap. 3.14.1.).

Demokratie als Herrschaftsform beschränkt sich nicht nur auf den klassischen Politikunterricht im Sinne der Behandlung von Wahlen, demokratischen Institutionen und gesellschaftlichen Fragen von Macht und Herrschaft. Es gibt sehr gute Beispiele, wie Schülerinnen und Schüler durch die Behandlung von aktuellen Fragen direkt Einfluss auf Gesetzesvorhaben nehmen können. Hans-Wolfram Stein hat am Beispiel von Klassen aus Bremen verschiedene Möglichkeiten der Einflussnahme aufgezeigt. Er beschreibt dabei Aktivitäten von Schüler:innen im Kontext von Asyl- und Bleiberechtsverfahren, zum Thema Inklusion (»Es ist normal verschieden zu sein«), zu den Themen Homophobie, Lehrstellenmangel, Wahlrecht und Staatsbürgerrecht (Einbürgerung). Bei all diesen Themen haben sich die Schüler:innen nicht nur intensiv mit den Themen beschäftigt und waren zeitweise wissender als Politiker:innen, sondern sie nahmen direkt Einfluss auf Gesetzgebungsverfahren. So haben sie beispielsweise beim Thema Inklusion

- »eine Anfrage und Debatte im Landtag ausgelöst ... ;
- die Bremer Landesregierung, den Senat, (dazu gebracht), die Vorschriften für barrierefreies Bauen im Bundesland (zu) ändern;
- ... mit Bürgerschaftsabgeordneten über die Möglichkeiten einer Anhebung der Ausgleichsabgabe bei Nichteinhaltung der Beschäftigungspflicht für Schwerbehinderte (diskutiert), also über die Änderung eines Bundesgesetzes, (sind sie) in einen öffentlichen Diskurs ein(getreten);
- (erreicht, dass) alle Fraktionen der Bürgerschaft die Finanzierung der Broschüre unterstützten« (Stein 2016, 5).

Daran zeigt sich, dass die beteiligten Schülerinnen und Schüler sich erfolgreich in die große Politik eingemischt und damit Einfluss auf die Demokratie als Regierungsform genommen haben.

Die Demokratiepädagogik findet bisher ihre stärkste Resonanz in der Demokratie als Lebensform, aber auch Demokratie als Gesellschaftsform wird in verschiedenen Schulen realisiert. Projekte der Demokratie als Herrschaftsform sind noch relativ selten und daher ausbaufähig. Die Bewegung Fridays for Future ist aber ein hoch aktuelles Beispiel, wie Schülerinnen und Schüler auf den öffentlichen Diskurs in Hinblick auf den Klimaschutz Einfluss nehmen und auch Gehör finden, zwar nicht mit den Konsequenzen, wie von ihnen gewünscht, aber sie erfahren ein hohes Maß an Aufmerksamkeit.

Wolfgang Beutel und Markus Gloe haben ein Thesenpapier zu Demokratiekompetenzen aus der Perspektive von Unterricht und Schule entwickelt. Die Thesen dazu finden sich im Anhang dieses Buches.

Die Kultusministerkonferenz der Länder hat 1980 und 2009 zwei grundsätzliche Beschlüsse zur Menschenrechts- und Demokratiebildung gefasst:

1. »Menschenrechtsbildung in der Schule«
2. »Demokratie als Ziel, Gegenstand und Praxis historisch-politischer Bildung und Erziehung in der Schule«.

Beide Beschlüsse wurden überarbeitet und am 11.10.2018 verabschiedet.

(https://www.kmk.org/.../weitere-unterrichtsinhalte/menschen rechtsbildung.html;

https://www.kmk.org/.../weitere-unterrichtsinhalte/demokratie bildung.html

(s. auch: Beutel/Gloe (2020): Die neuen KMK-Beschlüsse: (k)ein großer Wurf? In: Berkessel u. a.: 7. Jahrbuch Demokratiepädagogik).

Eine Weiterführung der Demokratiepädagogik findet sich im Konzept Global Citizenship Education, welches den universellen

Wert von Demokratie und die globalen Ziele (global Goals) von nachhaltiger Entwicklung betont.

»Der Wert von *global citizenship* bedeutet, die Lernenden dabei zu unterstützen, die ›Fähigkeit zu entwickeln, eine gewaltfreie, gerechte soziale Ordnung auf diesem Planeten zu schaffen, eine globale Ordnung, die allen Menschen auf der Erde Gleichheit bietet, Schutz der universellen Menschenrechte, und die Konflikte mit gewaltfreien Mitteln löst (...)‹ (Reardon 1988, 59)« (Wintersteiner 2021a, 170).

Exkurs: Zum Verhältnis von Demokratiepädagogik und politischer Bildung und Prävention

Zwischen Vertretern der politischen Bildung und denen der Demokratiepädagogik bzw. dem Demokratielernen gab und gibt es eine Kontroverse, wie sie sich zu einander verhalten sollten, d.h. ob sie in Konkurrenz zu einander stehen oder ob sie sich ergänzen. Diese Kontroverse hat deutlich an Spannung verloren – (im Gegensatz zu Zeiten des BLK-Programms), und es wird stärker das Gemeinsame und Verbindende betont. Sowohl der Politikdidaktiker Dirk Lange als auch der Erziehungswissenschaftler Benedikt Sturzenhecker betonen die Breite der Demokratiebildung. Nach Lange betont die Demokratiebildung die Vermittlung und Verankerung demokratischer Grundbildung und Prinzipien.

»Sie setzt weniger als politische Bildung auf demokratische Kontroversität, die ja der Prämisse folgt, dass alles, was in Politik und Wissenschaft kontrovers ist, auch im schulischen Unterricht kontrovers abgebildet werden muss. Demokratische Grundbildung setzt dagegen stärker auf den Konsens, dass Demokratie verteidigt werden muss. Das gilt insbesondere in Zeiten, die von großen gesellschaftlichen Herausforderungen geprägt sind – etwa durch rechtsextreme Tendenzen« (Lange, 2019, 10).

Sturzenhecker kritisiert, dass Demokratiebildung zu einer Maßnahme der Rechtsextremismusprävention reduziert wurde.

»Demokratiebildung zielt jedoch positiv auf die Realisierung der Rechte der Mitentscheidung und nicht negativ auf die Vorbeugung von Demokratiefeindlichkeit. Die förderpolitische Eingrenzung auf Prävention von

Rechtsextremismus wäre eine konzeptionelle Verkürzung und Funktionalisierung der Ausübung demokratischer Rechte« (Sturzenhecker, 2019, 14).

Benno Hafeneger ergänzt:

»Politische Bildung ist keine defensiv ausgerichtete Verhinderungspädagogik, und sie ist mehr als primäre bzw. universelle Prävention, ›Feuerwehr‹ und ›Reparaturbetrieb‹. Sie darf sich nicht instrumentalisieren und auf Prävention verengen lassen. Sie hat ein eigenständiges pädagogisches Selbstverständnis und folgt einer Gestaltungs- und keiner Verhinderungspädagogik, und sie ist mit dem Anspruch – so die normative Übereinkunft – von wirklicher und wirksamer Partizipation sowie selbstbestimmter Lebensgestaltung verbunden« (Hafeneger 2019, 24).

2.3 Schulkultur und Haltung

Schulkultur ist ein sehr weiter Begriff, der die verschiedensten Facetten des schulischen Lebens umfasst. Diese reichen vom »Geist«, dem »Profil«, der »Stimmung« bis hin zu den Strukturen und dem Konzept. »Dieses schulische Leben im Zusammenspiel zwischen den Bedingungen, den Personen und den (Wert-)Grundsätzen einer Schule kann auch als *Schulkultur* bezeichnet werden« (Schubarth et.al. 2017, 117). Ergänzend lässt sich hinzufügen:

»Unter ›Kultur‹ verstehe ich die Summe der Haltungen, Einstellungen und Erfahrungen (und Produkte) einer Gruppe von Menschen, die über einen längeren Zeitraum zusammenleben. Die Summe der ›Kulturerfahrungen‹ fügen sich zu Normen, die das Zusammenleben bestimmen. Natürlich ist Kultur einem ständigen Wandel unterworfen und wird in verschiedenen Ländern unterschiedlich bezeichnet. Während wir in der deutschen Sprache von Kultur sprechen, benutzen die Franzosen und Engländer den Begriff ›Zivilisation‹« (Elias 1976, 2).

Wenn verschiedene Kulturen auf einander treffen, so ist das auch immer mit Konflikten verbunden. »Die Ausgestaltung eines bestimmten Schulethos zeigt sich besonders im Umgang mit Konflikten. Giesecke (2004) verweist darauf, dass Werte überhaupt erst in Konfliktfällen in das Bewusstsein der Einzelnen treten. ... Gerade deshalb ist eine Bearbeitung von Konflikten eine Möglichkeit, den Beteiligten einen Erfahrungsraum zu eröffnen, aber auch Grenzen zu setzen (vgl. Giesecke 2004)« (Schubarth et.al., 2017, 118). Insofern hat die Beschäftigung mit konstruktiver Konfliktbearbeitung eine hohe Bedeutung.

Die Entwicklung einer guten Schulkultur hängt also wesentlich daran, ob es gelingt, Konflikte nicht zu verdrängen oder zu vermeiden, sondern in einer konstruktiven Art und Weise auszutragen.

Angelika Eikel benennt folgende Prinzipien, die zentral für eine demokratisch-partizipative Schulkultur sind:

- Transparenz und Kommunikation
- Selbstbestimmung und Unterstützung
- Zugehörigkeit, Anerkennung und soziale Inklusion
- Wirksamkeit und Erfolgserleben

(nach Schubarth et.al. 2017, 120/121).

Für eine gute Schulkultur ist die Haltung insbesondere der Erwachsenen sehr wesentlich.

Wenn es um die Umsetzung von verschiedenen Programmen zum sozialen Lernen oder gegen Antisemitismus und Rassismus, zur Kommunikation, zur konstruktiven Konfliktbearbeitung oder zur Intervention und Prävention unterschiedlichster Formen von Gewalt an Schulen geht, spielt die Haltung der intervenierenden Personen eine ganz entscheidende Rolle. Es geht dabei um Haltungen der Sensibilität, der Aufmerksamkeit, der Empathie, der Kommunikation, der Kooperation, aber auch der Reflexion eigenen Verhaltens. Einzelne Pädagoginnen und Pädagogen bringen eine solche Haltung von Natur aus mit, aber das ist nicht die Regel, denn als Menschen sind wir nicht immer so präsent bzw. kennen unsere eigenen Reaktionsweisen nicht so genau. Wir benötigen einen »Spiegel«, der uns aufzeigt, wie wir in kritischen Situationen reagieren oder auch nicht. Damit ist gemeint, dass wir in der Regel nur durch ein Feedback von Außenstehenden in einen guten Selbstreflexionsprozess kommen. Diese Haltungsschulung kann gut im Kontext einer Mediationsausbildung erfolgen. Pädagogischen Fachkräften, die eine solche Schulung durchlaufen haben, gelingt es meist deutlich besser, gegenüber Schülerinnen und Schülern eine wertschätzende und beteiligungsorientierte Haltung einzunehmen. Insofern ist eine mediative Grundhaltung ein wichtiges Instrument für professionelles Handeln.

Im Rahmen der Reckahner Reflexionen, die maßgeblich von Annedore Prengel initiiert wurden, zeigen eine Vielzahl von empirischen Studien, dass vermutlich durchschnittlich ein Viertel der Interaktionen von Lehr- und Fachkräften mit Kindern und Jugendlichen in Kitas und Schulen als verletzend zu charakterisieren sind (Prengel, 2020, 5). Diese Ergebnisse bedeuten, dass es einen großen Bedarf gibt, hier entgegenzuwirken und Reflexionsräume für diese Verhaltensweisen aufzuzeigen, denn oft ist es den Lehrpersonen, die verletzen, gar nicht bewusst.

Auch gut gemeinte Interventionen, Diskriminierung entgegenzuwirken, können für den Betroffenen nicht immer hilfreich sein. Das zeigt ein Beispiel von Michael May, das im Rahmen eines Seminars der Lehrerausbildung in Jena reflektiert wurde. Dabei geht es um einen offen homosexuell lebenden Schüler, der im Unterricht von einem Mitschüler abgewertet wird, darauf aber sehr souverän reagiert. Bei einer späteren Diskussion der Szene mit Wissenschaftler:innen gab es zwei gegenläufige Reaktionen. Die einen meinten, dass eine Intervention der Lehrkraft notwendig gewesen sei, die anderen sahen dafür keinen Anlass, da der Schüler sehr souverän reagiert habe. Letztere Meinung vertritt auch der Autor, weil sich der geschädigte Schüler selbst schützen konnte und eine Intervention der Lehrkraft ihn als schutzwürdig hinstellen und damit als Opfer schwächen würde. (Mai 2019)

Häufiger ist es allerdings so, dass es eine Tendenz gibt »abzutauchen«, d. h. nicht zu reagieren oder hilflos zu agieren, oder eine Überreaktion. Dabei kann es um abwertende Äußerungen im

Unterricht gehen oder das Äußern von extremistischen Ansichten. So wurde beim hessischen Beratungsnetzwerk die Erfahrung gemacht, dass beim Auftauchen rechtsextremer Jugendlicher viele Lehrkräfte die Tendenz hatten, das Problem nur loswerden zu wollen, anstatt selbst an Strategien zu arbeiten, wie man langfristig mit dem Problem umgehen könne (Rademacher, 2015, 227 ff.). Insofern spielt eine entsprechende aufmerksame Haltung eine sehr wichtige Rolle. Mit Blick auf psychosoziale Berufe wird diese Haltungsfrage besonders deutlich. So beispielsweise in der Psychoanalyse, wo Abstinenz, freie Assoziation und die gleichschwebende Aufmerksamkeit, aber auch eine ständige Selbstreflexion – um nicht unbewusst in Verstrickungen mit dem Klienten zu geraten – wesentliche Bestandteile der professionellen Haltung sind (Löchel 2013).

> »Die einmal entwickelte Haltung ist nicht etwas Beständiges, sondern muss immer wieder neu ›errungen‹ werden – dies geschieht durch eine ständige Reflexion des eigenen Agierens. Eine idealtypische Haltung kann in schwierigen Situationen verschwimmen bzw. nicht durchgehalten werden, was – da nur allzu menschlich – immer wieder erfolgen kann. Insofern endet die Arbeit an der Haltung nie« (Rademacher 2016, 81).

Schon in der Ausbildung der Lehrkräfte wird im Sinne einer Haltung geschult, die sich in der konsequenten Zuwendung zum Kind manifestiert.

> »Hierzu zählen diagnostische Fähigkeiten, didaktische Reflexionsfähigkeiten, die sich an der Vermittlung von (Lebenswelt-) Kompetenzen orientieren (mit entsprechend altersgerechter Aufbereitung von Inhalten), das Ernstnehmen der Kinder und Jugendlichen mit ihren Anliegen sowie die Orientierung am Lernprozess der Gruppe mit ihren heterogenen Lernvoraussetzungen, d.h. eine Haltung der Wertschätzung und Anerkennung« (ebd.).

In Hinblick auf den Haltungsbegriff ist es interessant, dass der Europarat mit der Entwicklung eines Referenzrahmens »Kompetenzen für eine demokratische Kultur« (KDK) unter vier Dimensionen eine den Haltungen zugeordnet hat. Dazu zählen:

- Offenheit gegenüber dem kulturellen Anderssein und anderen Überzeugungen, Weltanschauungen und Praktiken
- Respekt
- Gemeinwohlorientierung
- Verantwortung
- Vertrauen in die eigene Handlungsfähigkeit
- Toleranz für Mehrdeutigkeit (Ambiguitätstoleranz) (vgl. Gebauer/Lenz, 176).

»Der Begriff ›Offenheit‹ zielt darauf ab, eine Haltung zu entwickeln, anderen Menschen, insbesondere solchen aus anderen kulturellen und religiösen Kontexten, so zu begegnen, damit eine Verständigung weitgehend ohne Vorurteile möglich ist. In der Regel haben aber alle Menschen mehr oder weniger ausgeprägte Vorurteile. Insofern geht es auch darum, sich der eigenen Vorurteile bewusst zu werden und diese kritisch zu reflektieren, um im Alltag einen Umgang mit Menschen aus anderen Kulturen zu entwickeln, der von Respekt und Toleranz geprägt ist. Mit dieser Haltung geht die Entwicklung eines entsprechenden zivilen Bewusstseins einher, d. h. ein gewaltfreier und demokratischer Konfliktaustrag und die Entwicklung einer Verantwortlichkeit, die bei Missachtung dieser Werte ein couragiertes Verhalten erfordert. Um in Alltagssituationen, in denen die Werte Toleranz und Respekt sowie ein fairer und demokratischer Umgang missachtet werden, reagieren zu können, sind Selbstbewusstsein und Ambiguitätstoleranz erforderlich« (Rademacher, 2016, 82).

Es gibt verschiedene Ansätze, wie diese Haltung geschult werden kann. Im Zentrum steht dabei immer die Reflexion eigenen Verhaltens. Dies kann in Supervisionsgruppen oder durch kollegiale Beratung erfolgen, wobei dies unter den Lehrkräften nur vereinzelt erfolgt – im Gegensatz zu anderen Berufen im psychosozialen Feld. Es kann in einer reflektierten Theaterarbeit (Steinweg 2008) oder im Mediationstraining geschehen (▶ Kap. 2.5). Es hat sich gezeigt, dass Lehrkräfte, die im Rahmen von Mediationsfortbildungen an ihrer Haltung gearbeitet haben, wesentlich authentischer ihre Haltung beispielsweise beim Klassenrat im Sinne des Ernstnehmens der Schülerinnen und Schüler leben als solche, die nicht in dieser Hinsicht geschult sind.

»Im Kontext des Einsatzes von gewaltpräventiven Programmen in Schulen wächst immer mehr die Erkenntnis, dass der Einsatz von Übungen zur Entwicklung sozialer Kompetenzen in ihrer Wirksamkeit von der Haltung der Lehrkräfte abhängt. Je überzeugender eine Lehrkraft das vorlebt, was sie sagt, desto stärker werden Schülerinnen und Schüler dies als vorbildliches Rollenmodell akzeptieren. Je mehr Anspruch und Wirklichkeit in der Haltung einer Lehrkraft auseinanderklaffen, desto wirkungsloser werden die vermittelten Programme. Schülerinnen und Schüler haben ein sehr genaues Gespür dafür« (ebd., 87).

2.4 Interkulturelles und transkulturelles Lernen

»Interkulturelles Lernen bezeichnet eine Form des sozialen Lernens mit dem Ziel des Erwerbs interkultureller Kompetenz. Diese ist Grundlage für eine erfolgreiche interkulturelle Kommunikation und Zusammenarbeit mit Menschen aus anderen Kulturen.
Als Teilziele des interkulturellen Lernens bzw. Komponenten der interkulturellen Kompetenz gelten:

- bewusster und kritischer Umgang mit Stereotypen
- Aufbau von Akzeptanz für andere Kulturen
- Überwindung von Ethnozentrismus
- Verständnis der eigenen Kulturverhaftung und Enkulturation
- Verständnis für Fremdheit bzw. Fremdheitsdynamiken«

(https://de.wikipedia.org/wiki/InterkulturellesLernen).

Da in der Regel alle Menschen aus den unterschiedlichsten Kulturkreisen Vorurteile nicht nur gegenüber Fremden haben, geht es beim interkulturellen Lernen um die kritische Reflexion von Vorurteilen und Stereotypen. Dabei gilt es Räume zu schaffen, die diese Reflexion ermöglichen, um damit eine Akzeptanz gegenüber dem Fremden zu schaffen und ein Verständnis für unterschiedliche Normen, die es in verschiedenen Kulturkreisen gibt. Ein erster Schritt ist der, sich der eigenen kulturellen Muster bewusst zu werden. Dies betrifft beispielsweise den unterschiedlichen Umgang mit der Zeit. In verschiedenen Kulturen hat Pünktlichkeit beispielsweise einen anderen Wert. Oder es gibt einen unterschiedlichen Umgang mit Körperlichkeit, d. h. von Nähe und Distanz, die man bei einer Begegnung mit anderen wahrt beispielsweise bei der Begrüßung. Natürlich sind solche Normen auch im Fluss, d. h. sie verändern sich im Lauf der Jahrzehnte und Jahrhunderte. (Beispielsweise waren Umarmungen insbesondere unter Männern in den 1950er und 60er Jahren in Deutschland unüblich.)

Beim interkulturellen Lernen geht es auch um die Auseinandersetzung mit Ethnozentrismus. Darunter versteht man die Haltung von Menschen einer Ethnie bzw. Kultur, die sich selbst als überlegen definieren und die Normen und Werte anderer Kulturen abwerten. Diese Haltung ist dann Ausdruck einer Machtdifferenz. Dies hat sich nicht nur im Kolonialismus gezeigt, sondern ist auch heute noch virulent.

Der Begriff des Othering weist in die gleiche Richtung. Eine (ethnische) Gruppe beschreibt sich als ›normal‹ und distanziert sich so von anderen Gruppen und erklärt das eigene Verhalten im Sinne der Abgrenzung zur Norm. Das ist dann wiederum Ausdruck von Macht.

> »Um nun interkulturelle Kompetenz zu entwickeln, bedarf es der Entwicklung einer Haltung, die sich gegenüber dem Fremden öffnet, der suchenden Neugierde, der Selbstreflexion im Hinblick auf eigene Vorurteile und Zuschreibungen, des Lernens über die eigene Kultur im Hinblick darauf, was die eigene kulturelle Identität ausmacht, sowie eines ethnografischen Zugangs, d. h. des Verständnisses anderer Kulturen. Die Entwicklung dieser Haltung bedeutet auch, sich in andere hineinzuversetzen (Empathie) und einen Perspektivenwechsel vornehmen zu können. Konflikte können dabei auch eine Chance sein« (Rademacher 2019 a, 80).

Interkulturelles Lernen findet überall dort statt, wo Menschen aus mindestens zwei Kulturen auf einander treffen. »Kultur taucht in der eigenen Wahrnehmung oft erst durch die Konfrontation mit dem Fremden auf. In dem Maße, wie ich mir meiner eigenkulturellen Wahrnehmungsmuster bewusst werde, erweitere ich die Verständigungsmöglichkeiten mit der als fremd wahrgenommenen Kultur« (Rech 2008, 390).

Die Frage stellt sich, was in diesem Zusammenhang genau unter Kultur zu verstehen ist. Hier setzt das Konzept des transkulturellen Lernens an, das das interkulturelle Lernen kritisiert. Nach Wolfgang Welsch ist interkulturelles Lernen von einer insel- bzw. kugelartigen Verfassung der Kulturen geprägt, d. h. dass es sich um homogene Kulturen handeln würde, die voneinander abgegrenzt sind. Dies wird aber der heutigen Realität nicht gerecht, wo sich Kulturen mischen, sich gegenseitig beeinflussen und sich daraus eine Vielzahl von Identitäten entwickeln. Das Konzept der Transkulturalität »zielt auf ein vielmaschiges und inklusives, nicht auf ein separatistisches und exklusives Verständnis von Kultur. Es intendiert eine Kultur, deren pragmatische Leistung nicht in Ausgrenzung, sondern in Integration besteht. Stets gibt es im Zusammentreffen mit anderen Lebensformen nicht nur Differenzen, sondern auch Anschlussmöglichkeiten. Solche Erweiterungen, die auf die gleichzeitige Anerkennung unterschiedlicher Identitätsformen innerhalb einer Gesellschaft zielen, stellen heute eine vordringliche Aufgabe dar« (Welsch 1995, 43).

Dennoch gibt es Konflikte, die kulturell beeinflusst sind und sich zwischen Menschen unterschiedlicher kultureller Herkunft ereignen. Dies geschieht in der Schule oder bei interkulturellen Begegnungen bei Jugendaustauschprogrammen. Solche Konflikte, wenn sie konstruktiv bearbeitet werden, bieten eine Chance, voneinander zu lernen. Dabei gilt es, eine Haltung einzunehmen, die die bestehenden Unterschiede nicht festschreibt, und zu reflektieren, wie diese relativiert werden können. Die gelungene Kontextualisierung einer interkulturellen Situation bedeutet:

- die Anerkennung der Gleichwertigkeit des Anderen,
- die Bereitschaft, das eigene »Heiligste« für die Kritik des Anderen zu öffnen und es damit auch zu relativieren,

- die so entdeckten kulturellen Differenzen zu einem Anreiz für einen Perspektivenwechsel zu nutzen, aus dem ein Dialog möglich wird (Haumersen/Liebe 1999, 25).

Wichtig ist es dabei, interkulturelle Konflikte nicht nur auf »Missverständnisse zu reduzieren, sondern die Machtdimensionen, in denen sie ausgetragen werden, stets mit zu thematisieren. Anerkennung und Empowerment haben hier eine wichtige Hebelfunktion« (Rech 2008, 302). Es geht beim interkulturellen Lernen um gemeinsame Suchbewegungen und eine selbstreflexive Haltung. Metakommunikation spielt dabei eine wichtige Rolle.

Bezugspunkte sind auch hier die Kinderrechte und die Menschenrechte, die einen machtsensiblen und anerkennungsbezogenen Diskurs ermöglichen. Auf dieser Grundlage sind Ausgrenzungen, Diskriminierung und Gewalt, d. h. alles, was die Würde des Menschen verletzt, nicht tolerierbar.

Interkulturelles Lernen in der Schule setzt die Sensibilität und Selbstreflexivität der Lehrpersonen voraus. Mit dieser Erfahrung und Haltung ist Toleranz gegenüber unterschiedlichen Lebensentwürfen und Herkünften in einer Klasse vermittelbar.

(Literaturhinweis: Rademacher, Helmolt/Wilhelm, Maria (2016), Miteinander – über 90 interkulturelle Spiele, Übungen, Projektvorschläge für die Klassen 5–10. Berlin)

2.5 Konstruktive Konfliktbearbeitung und Mediation

Nicht nur bei Menschen aus verschiedenen Kulturen gibt es Konflikte; sie gehören zum Alltag in verschiedenen Lebensbereichen und so gibt es sie auch in der Schule. Wie bereits weiter oben ausgeführt, belasten nicht bearbeitete Konflikte das Klima in einer Klasse und in der Schule. Die Konflikte an sich sind nicht das Pro-

2.5 Konstruktive Konfliktbearbeitung und Mediation

blem, sondern die Art und Weise, wie sie ausgetragen werden. Destruktiv ausgetragene Konflikte binden sehr viel negative Energie und haben eine schädigende Wirkung auf die Beteiligten. Konstruktiv ausgetragene Konflikte können hingegen zu einer Weiterentwicklung von Menschen und Institutionen beitragen. Letztlich waren und sind Differenzen und Konflikte im Sinne einer konstruktiven Weise Ausgangspunkt für Weiterentwicklungen. Konflikte haben in der Regel eher etwas Abschreckendes, wenn man aber den Begriff positiv definiert, dann bietet er im Gegenteil Chancen.

Ein Ansatz, um mit Konflikten konstruktiv umzugehen, bietet das Verfahren der Mediation. Es stammt aus dem angelsächsischen Raum und wurde dort seit den 80er Jahren des letzten Jahrhunderts entwickelt (s. u. a. Bush/Folger, 1994). In den 90er Jahren wurde Mediation in Deutschland insbesondere im Kontext der Trennungs- und Scheidungsmediation bekannt, aber sie hielt auch Einzug in den Schulen. Hier wurden zunächst sog. Peer-Mediatorinnen und Mediatoren ausgebildet, d. h. ältere Schülerinnen und Schüler, die bei jüngeren vermitteln.

Grundgedanken

»Mediation ist ein Verfahren der konstruktiven Konfliktbearbeitung, bei der eine ›neutrale‹ Person zwischen zwei oder ggf. mehreren Konfliktparteien vermittelt. Bei dieser auf Freiwilligkeit beruhenden Art der Konfliktlösung kommt es zunächst darauf an, dass die Konfliktbeteiligten den Konflikt aus ihrer Sicht schildern und die Konfliktpunkte offengelegt werden. In einem zweiten Schritt werden die Hintergründe des Konflikts erörtert, um ein vertieftes Verständnis des Konflikts zu erhalten, eine Annäherung der Kontrahenten zu erreichen und sie miteinander in Kommunikation zu bringen. Erst wenn ein sichtbares Maß an Entspannung eingetreten ist – in der Regel durch wechselseitiges Verständnis erkennbar –, können in einem dritten Schritt Ideen gesammelt werden, wie eine Konfliktregulierung aussehen könnte. Aus diesen Ideen werden dann zuletzt diejenigen in einer Vereinbarung festgehalten, auf die sich die Kontrahenten einigen konnten. Günstig ist es, wenn nach einem bestimmten Zeitraum wieder mit Hilfe der Mediatorin bzw. des Mediators überprüft wird, ob die Vereinbarungen eingehalten wurden« (Rademacher, 2019 b, 258).

Wichtig für die Konfliktparteien ist es, dass sie von der Mediatorin bzw. dem Mediator im gleichen Maße verstanden werden und sich damit angenommen fühlen. Dadurch entsteht ein »Raum« der Aufmerksamkeit und Achtsamkeit, bei dem es keine Bewertungen oder sogar Schuldzuweisungen durch die Mediatorin gibt, sondern möglichst ein Verständnis für beide Seiten entwickelt wird und sich beide Seiten wertgeschätzt fühlen. Entscheidend dabei ist die Phase der »Erhellung«, bei der nicht nur die Historie des Konflikts und Fakten erörtert werden, sondern bei der insbesondere die Gefühle der Konfliktparteien zur Sprache kommen. Diese Phase dauert so lange, bis die Kontrahenten nicht mehr nur über die Mediatorin kommunizieren, sondern auch miteinander ins Gespräch gehen. Dabei entsteht gegenseitiges Verständnis, Akzeptanz und ggf. Wertschätzung für einander. Dies ist der Umschlagspunkt, ab dem über Lösungsoptionen gesprochen werden kann und im Anschluss Vereinbarungen getroffen werden können.

> »In der Rolle der MediatorIn ist es ganz entscheidend, dass sie eine Haltung der Allparteilichkeit und der Lösungsabstinenz einnimmt. Das drückt sich in einer Wertschätzung durch eine entsprechend angemessene Sprache gegenüber den Kontrahenten aus und in einem inneren Dialog – ggf. auch durch Nachfragen –, bei dem den Streitparteien der jeweils gleiche Raum und die gleiche Aufmerksamkeit zuteil wird. Ferner muss die MediatorIn einen Rahmen mit Regeln vorgeben, um einen angemessenen und sachbezogenen Gesprächsverlauf zu gewährleisten. Zu den wichtigsten Regeln gehören die Verschwiegenheitspflicht aller Beteiligten, ein hinreichend bemessener Zeitrahmen, eine nicht verletzende Sprache gegenüber den Konfliktparteien und in hoch eskalierten Konflikten die Sorge dafür, dass keine Tätlichkeiten auch nur im Ansatz entstehen – Gewalt zerstört jeglichen Mediationsansatz« (ebd.).

In der Regel ist die Haltung der Allparteilichkeit und der Lösungsabstinenz bei den Mediatoren nicht von Anfang an vorhanden, vielmehr muss sie über einen längeren Zeitraum in Trainings eingeübt und in einem nicht endenden Prozess der Selbstreflexion erhalten werden. Wenn Mediatoren in ihren Rollen handeln, haben sie in der Regel immer Gefühle des stärkeren Verständnisses für die eine Seite oder, noch drastischer, es wird eine Konfliktpartei als sympathisch und die andere als unsympathisch erlebt. In der Rolle des Mediators gilt es nun, diese Gefühle wahrzunehmen und zu reflektieren, um mit einer Haltung zu agieren, die diese Gefühlsdifferenzen nicht gegenüber den Kontrahenten zeigt und damit einen Verzicht auf Wertungen ermöglicht. Lösungen, die von den Konfliktbeteiligten selbst entwickelt wurden, sind deutlich haltbarer und damit nachhaltiger als solche, die von außen vorgegeben werden. Auch dies gilt es als Mediatorin zu lernen, denn die meisten Menschen – insbesondere Lehrkräfte –haben die Tendenz, gute und gut gemeinte Ratschläge zu erteilen, anstatt abzuwarten bzw. die Konfliktbeteiligten aufzufordern, selbst Lösungsvorschläge zu entwickeln bzw. sich auf Lösungen zu einigen. Natürlich gilt diese Haltung der Lösungsabstinenz nicht absolut. Es kann durchaus Situationen geben, wo auch die Mediatorin Vorschläge macht, wenn die Beteiligten naheliegende Lösungen nicht sehen. Aber dies ist die Ausnahme, denn die Regelhaltung ist die Abstinenz.

Schulmediation: Umsetzung und Standards

Das Verfahren der Mediation und das Erlernen der entsprechenden Haltung ist die eine Seite, die andere ist die Umsetzung in der Schule. In der Regel geht es zunächst darum, dass Lehrkräfte oder Schulsozialarbeiter:innen die Mediatorenrolle in Trainings erlernen. Dabei hat es sich als günstig herausgestellt, dass möglichst viele Lehrkräfte einer Schule ein Grundverständnis von Mediation erwerben. Dies kann beispielsweise im Rahmen eines fünftägigen Grundlagentrainings erfolgen. Auf dieser Grundlage können dann möglichst viele Lehrkräfte Programme zum sozialen Lernen in ihren Klassen realisieren. Darüber hinaus können auch Peer-Mediator:innnen, d.h. ältere Schülerinnen und Schüler der 8.–10. Klassen, die bei Konflikten beispielsweise in den 5. und 6. Klassen vermitteln, ausgebildet werden. Die Trainings dazu dauern in der

Regel 30–40 Stunden. Peer-Mediator:innen kann es sogar schon in Grundschulen geben. In den Berliner Grundschulen, die auch die 5. und 6. Klassen umfassen, ist das zum Teil der Fall. Kinder und Jugendliche erlernen sehr schnell die Mediatorenrolle und können sie gut umsetzen. Außerdem erwerben sie damit besondere soziale Kompetenzen. Das Problem besteht allerdings häufig darin, dass die ausgebildeten Schülermediator:innen nicht genügend Fälle haben, in denen sie ihre Fähigkeiten umsetzen können. Insofern bedarf es ständiger Werbung und Unterstützung durch die Lehrkräfte, damit ein bestehendes Angebot der Peer-Mediation auch angenommen wird. Wesentlich dabei ist, dass die Schulleitung und die Lehrkräfte den Grundgedanken der Mediation und deren Umsetzung in der Schule aktiv mittragen und die Arbeit der Schülermediator:innen nicht als das »Hobby« von ein bis zwei Lehrkräften betrachten.

Die Umsetzung von Mediation in der Schule bedarf insofern einer Abstimmung im Kollegium, der Verknüpfung unterschiedlicher Programme zum sozialen Lernen (▶ Kap. 3.12) und der ständigen Weiterentwicklung bzw. der Reflexion der Umsetzung in der Schule. In Hessen wurde daher bereits Ende der 1990er Jahre Mediation mit Schulentwicklung verknüpft (vgl. Rademacher 2001), um eine systemische und damit nachhaltige Umsetzung zu ermöglichen. Ferner wurden zu Beginn der 2000er Jahre Standards für Schulmediation entwickelt, um die Qualität solcher Programme sicherzustellen. Dies erfolgte im Rahmen einer Fachgruppe im Bundesverband Mediation (BM), die auch heute noch die Standards weiterentwickelt (vgl. Standards Schulmediation der Fachgruppe »Mediation in Erziehung und Bildung« (MEB).

(Standards von 2013, derzeit in Überarbeitung: https://www.bmev.de/fileadmin/downloads/anerkennung/bm_standards_mediatorIn_in_erziehung_und_bildung_2014.pdf)

In den Standards sind sowohl Inhalte als auch Umfang und Dauer der Ausbildung zur zertifizierten Schulmediator:in festgelegt. Bisher werden 80 Stunden für die Ausbildung angesetzt. In Hessen wurde auf der Grundlage von Erfahrungen der Umfang auf

130 Stunden erweitert. Neben dem Erwerb der Mediator:innenrolle geht es ferner um den Umgang mit Konflikten in Klassen und Gruppen und in einem weiteren Modul mit dem Titel »Als Schulmediator im und am System arbeiten« um die Frage, wie das Mediationskonzept langfristig in die Schule implementiert werden kann. Darüber hinaus gibt es ein Seminar für Schulmediator:innen-Coaches, um die Peer-Mediator:innen gut begleiten zu können.

Die Fortbildungen für Lehrkräfte finden in verschiedenen Varianten in allen Bundesländern statt. Teilweise bzw. mehrheitlich erfolgen diese Fortbildungen durch private Träger (z. B. in Niedersachsen durch den Verein »Brückenschlag«, in Hamburg durch das »Institut für konstruktive Konfliktaustragung und Mediation – IKM«. In Hessen, wo es das umfassendste Fortbildungsangebot gibt, werden die Fortbildungen über das Projekt des Hessischen Kultusministeriums »Gewaltprävention und Demokratielernen« (GuD) angeboten (vgl. www.gud.bildung.hessen.de).

Meditation ist auch nach über 25 Jahren eine Form konstruktiver Konfliktbearbeitung, die nicht an Bedeutung eingebüßt hat – im Gegenteil: die Bereiche, in denen sie beansprucht werden kann, wachsen. Das Interesse hat trotz Schwankungen in der Umsetzung in Schulen nicht nachgelassen. Das liegt insbesondere daran, dass es bei der Mediation nicht vorrangig um methodische Arrangements geht, sondern um die Haltung, die in anderen Kontexten wie beispielsweise dem Klassenrat eine wichtige Bedeutung hat.

> »Diese der Mediation innewohnende, kommunikative und auf positive sowie gemeinsame Zukunftsgestaltung gerichtete Haltung hat einen engen Bezug zum Wesenskern der Menschen- und Kinderrechte, weil sie die Verschiedenheit und die Gleichberechtigung der unterschiedlichen Menschen bzw. hier Schülerinnen und Schüler gleichermaßen zugrunde legt und anerkennt« (Rademacher 2019 b, 264).

2.6 Demokratische Schulentwicklung

2.6.1 Zur Bedeutung demokratischer Schulentwicklung

Die bisher vorgestellten Ansätze und Grundlagen können nur dann erfolgreich in der Schule umgesetzt bzw. mit Leben gefüllt werden, wenn sie in einen systemischen Schulentwicklungsprozess eingebunden werden.

Schule ist der Ort, der nahezu alle Jugendliche erreicht und somit sehr früh Demokratie als Lebens-, Gesellschaft- und Herrschaftsform vermitteln kann. Das BLK-Programm »Demokratie lernen und leben«, das von 2002 bis 2007 in 13 Bundesländern durchgeführt wurde, hat wichtige Impulse gesetzt. Allerdings spielt Demokratiepädagogik angesichts der gesellschaftlichen Herausforderungen in Hinblick auf die sichere Zuweisung von Ressourcen nicht die Rolle, die sie haben müsste. In einzelnen Schulen finden demokratiepädagogische Ansätze zwar verstärkt Verbreitung, aber einzelne Programme stehen teilweise isoliert neben einander und sind nicht vernetzt. In großen Systemen ist häufig nicht bekannt, welche Programme von wem umgesetzt werden. Ein weiteres Problem besteht darin, dass Programme, die einmal eingeführt worden sind, nach ein paar Jahren verflachen bzw. nicht weiterentwickelt werden. Bei allen Prozessen demokratischer Schulentwicklung muss ferner bedacht werden, dass meist nicht das gesamte Kollegium diesen Prozess aktiv unterstützt und dass es auch immer wieder abwartende bzw. resistente Lehrkräfte gibt.

Schulentwicklung muss im Kontext von drei Ebenen gesehen werden:

- »die Makroebene, die gesellschaftspolitische Ebene mit ihren politischen, ökonomischen, kulturellen und sozialen Rahmenbedingungen,

- die Mesoebene, die Ebene des schulischen Umfeldes bzw. des Gemeinwesens, und
- die Mikroebene, die Schulebene mit ihren verschiedenen schulischen Akteuren« (Schubarth 2010, 98).

Die drei Ebenen sind mit einander verflochten, wobei die gesellschaftspolitische Ebene die Rahmenbedingungen wie Bildungsgerechtigkeit setzt und diese durch Verordnungen und Gesetze beeinflusst. Die Ebene des schulischen Umfeldes hat auch einen wichtigen Einfluss darauf, wie Schule in ihren Lernprozessen durch Mittel der örtlichen Schulverwaltung bzw. Strukturen wie Vereine unterstützt wird. Zentral ist bei der Schulentwicklung die Schulebene, d.h. wie und mit welchen Akteuren die Umsetzung erfolgt.

2.6.2 Was ist Schulentwicklung

Schulentwicklung »lässt sich definieren als ›systematischer, zielgerichteter, reflexiver und für die Bildungsprozesse der Schüler funktionaler Entwicklungsprozess der Schule‹, der von der Einzelschule als pädagogische Handlungseinheit (Fend 1986) ausgeht und das Ziel der Professionalisierung schulischer Prozesse und die Verbesserung der Schul- und Unterrichtsqualität verfolgt« (Wawretschek-Wedemann 2013, 143).

Schulentwicklung wurde bereits in den 1970er Jahren insbesondere durch den späteren Lehrstuhl von H.G. Rolff an der TU Dortmund wissenschaftlich fundiert und gewann damit für die Schulen zunehmend an Bedeutung. Diese Aufgabe beruhte auf der Erkenntnis, dass eine gute Schule nicht allein auf gutem Unterricht basiert, sondern ein gutes Zusammenspiel aller Akteure in Schule erfordert und als langfristiger und immerwährender Prozess verstanden werden muss, wobei Partizipation und Anerkennung wesentliche Triebkräfte sind. Aus Sicht von H.G. Rolff (Rolff 2010, 29 ff.) basiert Schulentwicklung auf einem Drei-Wege-Modell aus:

- Personalentwicklung
- Organisationsentwicklung
- Unterrichtsentwicklung.

Bei diesem Ansatz kommt der Schulleitung eine wesentliche Funktion zu, denn sie muss die drei genannten Aspekte anstoßen und insbesondere für deren Umsetzung sorgen.

Die Personalentwicklung beginnt mit der Auswahl der Lehrkräfte, die nicht nur ein bestimmtes Fach vertreten müssen, sondern auch zum Profil der Schule passen sollten. Eine Teamschule wird sich entsprechend teamfähige Kolleginnen und Kollegen aussuchen. Personalentwicklung bedeutet auch, in regelmäßigen Mitarbeitergesprächen den professionellen Entwicklungsweg einer Lehrkraft z. B. durch die Vereinbarungen über Fortbildungen zu begleiten.

Bei der Organisationsentwicklung kommt es darauf an, die gesamte Organisation Schule und ihr Umfeld im Blick zu behalten. Dabei geht es nicht nur um innerorganisatorische Abläufe wie Stundenpläne, den zeitlichen Umfang und die Taktung von Unterrichtsstunden, die Konferenzen, sondern auch wie sich die Institution Schule zu ihren außerschulischen Partnern organisiert. In diesen Prozess sind nicht nur die Lehrkräfte, sondern alle in Schule Mitwirkenden, d. h. die Schülerinnen und Schüler, die Schulsozialarbeiter:innen, die Eltern, der Hausmeister, die Sekretärin etc. einzubinden.

Da Unterricht das Kerngeschäft der Schule ist, spielt die Qualität der Lehr-Lernprozesse eine wesentliche Rolle. Die Lehrkräfte sollten sich insofern darum bemühen, stetig ihren Unterricht zu verbessern, sei es durch andere Lernverfahren wie das Kooperative Lernen (▶ Kap. 3.7.), durch Projektunterricht (▶ Kap. 3.11.) oder indem sie Anregungen durch das Feedback (▶ Kap. 3.9.) der Schülerinnen und Schüler in der Praxis umsetzen.

Der Schulentwicklungsprozess zeichnet sich dadurch aus, dass er sich einerseits an gemeinsam vereinbarten Zielen orientiert und andererseits dem Prozess folgt, was bedeutet, dass Ziele je

2.6 Demokratische Schulentwicklung

nach Notwendigkeit verändert werden. Es handelt sich um einen selbstgesteuerten Prozess der beteiligten Akteure und wird nicht von oben verordnet. Damit wird er zu einem Beitrag der Professionalisierung von Lehrkräften und der Qualitätsentwicklung. Auf diese Weise wird Schulkultur entwickelt.

Der Prozess der Schulentwicklung kann auf unterschiedliche Weise initiiert werden: Entweder bringt die Schulleitung den Prozess auf den Weg oder die Initiative geht vom Kollegium aus. Unabhängig von der Initiative muss die Gesamtkonferenz aller Lehrkräfte einen Auftrag zum Entwicklungsprozess erteilen. Auf der Gesamtkonferenz konstituiert sich dann eine (Gesamt-)Steuergruppe, der auf jeden Fall ein Mitglied der Schulleitung und mehrere Lehrkräfte und weitere Personen angehören sollten. Wird der Prozess sehr partizipativ gestaltet, dann werden in die Steuergruppe auch Schulsozialarbeiter:innen, Elternvertreter:innen und SV-Vertreter:innen mit hinzugezogen. Diese Gruppe ist für den Gesamtprozess an der Schule verantwortlich und berichtet regelmäßig den Gremien der Schule (Schulleitung, Gesamtkonferenz, Schulkonferenz, Elternvertretung, Schülervertretung). In einer großen Schule kann es neben der Steuergruppe auch Projekt- und Fachgruppen geben. Diese Gruppen sollten jeweils eine verantwortliche Person benennen. Eine Projektgruppe könnte sich beispielsweise mit der demokratischen Weiterentwicklung der Schule beschäftigen. Die Fachgruppen orientieren sich in der Regel an den Fächern z. B. Gesellschaftswissenschaften oder Naturwissenschaften. Günstig ist es, wenn in der (Gesamt-)Steuergruppe je eine Person aus diesen Gruppen vertreten ist. So behält die Steuergruppe einen Überblick über alle relevanten Aktivitäten an der Schule. Die Steuergruppe sollte eine Größe von 4 bis 10 Personen haben. Eine größere Personenzahl erschwert die Organisation der Treffen.

»Die Steuergruppe kann die Aufgabe haben, den Bedarf an Fortbildung aus den Projekt- und Fachgruppen zu bündeln und daraus eine Fortbildungsplanung zu entwickeln. Der Ist-Stand und die zukünftigen Vorhaben werden in einem Schulprogramm festgeschrieben. Das Schulprogramm sollte in einem Zyklus von zwei bis drei Jahren immer wieder aktualisiert werden. Dabei handelt es sich um einen immer wiederkehrenden Prozess der Evaluation und der Revision dieser Arbeit und daraus abgeleitet der Planung weiterer Schritte« (Beutel/Rademacher 2018, 107).

In großen Systemen kann es im Bereich der Gewaltprävention und des Demokratielernens eine größere Projektgruppe geben, die die verschiedenen Aktivitäten des sozialen Lernens und der Prävention von Gewalt bündelt und auf einander bezieht.

»Da Schulentwicklung – insbesondere in großen Systemen – ein komplexer Prozess ist, ist eine externe Unterstützung durch Schulentwicklungsberater sehr hilfreich, die meist bei den Staatlichen Schulämtern oder gelegentlich bei den Pädagogischen Landesinstituten oder auch in Projekten (z. B. in Hessen bei ›Gewaltprävention und Demokratielernen‹ – GuD) angesiedelt sind. Bei GuD arbeiten Prozessentwicklungsgruppen, die aus je 2 Vertreter_innen einer Schule bestehen (5–10 Schulen pro Gruppe) und die sich zweimal jährlich unter professioneller Anleitung im Sinne systemischer Schulentwicklung austauschen« (ebd., 107/108). Bei diesen Sitzungen werden nicht nur immer wieder neue Impulse gegeben, sondern sie dienen hauptsächlich dem kollegialen Austausch und der Beratung in der Umsetzung der je schuleigenen Programme. Dieses niederschwellige Angebot findet mittlerweile auch Interesse in anderen Bundesländern wie Rheinland-Pfalz, Sachsen und Schleswig-Holstein. Es soll dort entsprechend angepasst an die dortigen Rahmenbedingungen umgesetzt werden. Weitere und genauere Informationen finden sich in einem Artikel von Christian Wild (Wild, 2020).

> »Ein Schulentwicklungsberatungsprozess erfolgt in der Regel nach dem Muster: Analyse der Situation, Entscheidung über Maßnahmen, Qualifizierung von Lehrkräften, schließlich Umsetzung der Maßnahmen und abschließend Evaluation und ggf. Weiterentwicklung. Schulentwicklung ist im Idealfall ein Dauermovens moderner Schulen, dies gilt zumal unter dem Aspekt der demokratischen Schulentwicklung« (Beutel/Rademacher 2018, 108).

Idealtypisch kann ein solcher Prozess folgendermaßen aussehen:

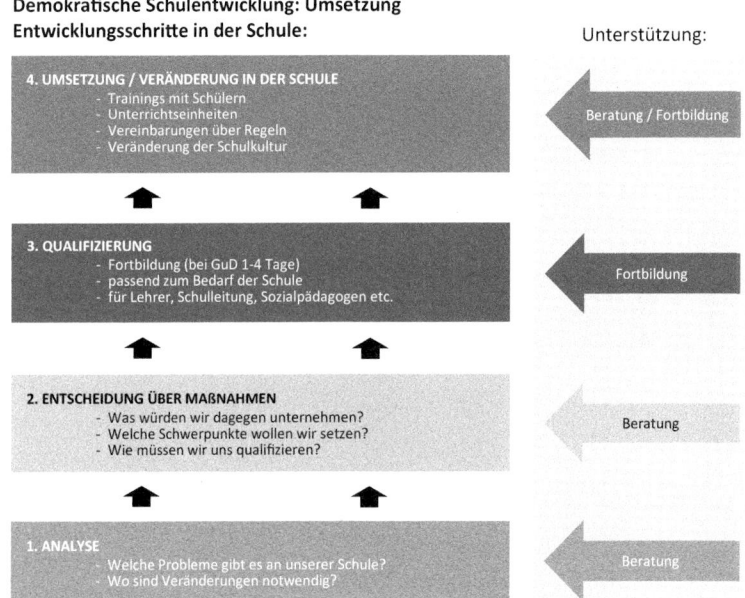

Abb. 4: Demokratische Schulentwicklung: Umsetzung

2.6.3 Instrumente demokratischer Schulentwicklung

Qualitätsrahmen Demokratiepädagogik

Im Rahmen des bereits erwähnten BLK-Programms »Demokratie lernen und leben« wurde zur Unterstützung von demokratischen Schulentwicklungsprozessen ein Instrument entwickelt, das eine Richtschnur für das Vorgehen und durch verschiedene Indikatoren Orientierung bietet. Es geht dabei u. a. um demokratische Qualitätsentwicklung und ein Demokratie-Audit. Letzteres ist ein Analyse- und Entwicklungsinstrument, das bei der Planung demokratischer Schulentwicklung Hilfestellung durch Praxishilfen und Materialien bietet (de Haan/Edelstein/Eikel 2007).

Merkmalskatalog demokratiepädagogischer Schulentwicklung

Der Qualitätsrahmen Demokratiepädagogik war die Grundlage für einen von Experten erarbeiteten Merkmalskatalog demokratiepädagogischer Schulentwicklung, der wesentliche Aspekte des Qualitätsrahmens bündelt. Der Merkmalskatalog umfasst sechs Qualitätsbereiche:

1. Umgang mit Rahmenbedingungen
2. Schulkultur
3. Führung und Management
4. Professionalität der Pädagoginnen und Pädagogen sowie Kooperationspartner:innen
5. Lernkultur
6. Ergebnisse.

Dieser Merkmalskatalog wird von der Deutschen Gesellschaft für Demokratiepädagogik – DeGeDe – herausgegeben und bietet eine gute Richtschnur, an dem sich demokratische Schulentwicklungsprozesse orientieren können. Er kann gegen einen geringen Betrag über die Geschäftsstelle der DeGeDe (Müllerstr. 156a, 13353 Berlin) bezogen bzw. im Internet kostenlos heruntergeladen werden (www.degeged.de).

Merkmale des Europarats

Der Europarat hat im Rahmen einer langjährigen Arbeitsgruppe einen Referenzrahmen zu Kompetenzen für eine demokratische Kultur (KdK) entwickelt. Dieser umfasst zwanzig Komponenten, die wiederum den Dimensionen Werte, Haltungen, Fähigkeiten sowie Wissen und kritisches Denken zugeordnet sind. Jede einzelne der vier Dimensionen hat ihre Bedeutung, aber erst im Zusammenspiel

2.6 Demokratische Schulentwicklung

wird kompetentes Verhalten ermöglicht. Beispielsweise geht es im Zusammenleben von Menschen unterschiedlichen Glaubens und verschiedener Kulturen nicht nur um das Wissen über diese und die Fähigkeiten darüber miteinander zu kommunizieren, sondern auch um Haltungen wie die des Respekts. Diese wiederum basieren auf Werten wie der Achtung der Menschenwürde und der Wertschätzung von Demokratie und Gerechtigkeit. Alle vier Bereiche sind wesentlich, aber erst die Bezugnahme aufeinander ergibt die notwendige Kompetenz (vgl. Gebauer/Lenz, 2019).

Das folgende Schaubild fasst die vier Dimensionen mit den jeweiligen Schlüsselbegriffen zusammen.

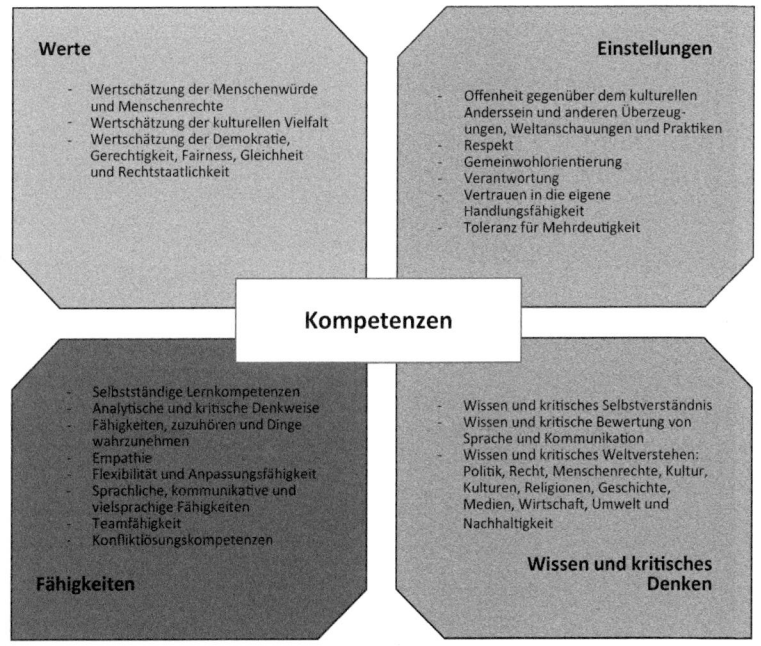

Abb. 5: Modell Kompetenzen für Demokratische Kultur

2 Grundsätzliche Strategien der Bewältigung

»Der KDK-Referenzrahmen bietet ... buchstäblich die Möglichkeit eines gemeinsamen europäischen Referenzpunktes für demokratische und Demokratie-fördernde Bildungspraxis. Bildungsakteure auf unterschiedlichen Niveaus können auf der Basis von KDK in einen Austausch über jeweilige nationale Grenzen und Möglichkeiten der Umsetzung treten – und dabei eine bildungsspezifische gemeinsame, interkulturelle Plattform für eine Diskussion über europäische Werte schaffen. Das Ziel dabei ist, europaweit die Kompetenzen zur aktiven Teilhabe an demokratischen und kulturell vielfältigen Gesellschaften weiter zu entwickeln und zu stärken« (Gebauer/Lenz 2019, 187/188).

3

Handlungsoptionen in der Schule

Im folgenden Kapitel werden grundlegende Verfahren zur Entwicklung einer demokratischen (Konflikt-) Kultur referiert.

3.1 Der Klassenrat

Der Klassenrat ist eines der wesentlichen Elemente für die Umsetzung von Demokratie in der Schule und hat bisher bereits eine relativ hohe Verbreitung erfahren. Er bietet die Möglichkeit, demokratische Fähigkeiten auszubilden und damit einen demokratischen Habitus (Edelstein) zu entwickeln.

Der Klassenrat ist im Idealfall eine feste Einrichtung ab der 1. Klasse der Grundschule, der kontinuierlich zu einem festen Zeitpunkt im Umfang einer Unterrichtsstunde pro Woche tagt. Er kann bis in die 10. Klasse und in modifizierter Form bis in die Oberstufe fortgeführt werden. Ziel ist es, eine demokratische Klassenkultur zu entwickeln und alle wesentlichen Themen und Probleme die Klasse betreffend einmal pro Woche zu diskutieren und möglichst einvernehmliche Lösungen zu finden. Grundsätze sind dabei der Respekt vor den Rechten anderer, das Äußern und Hören von Gefühlen und Bedürfnissen, das Anerkennen der Gleichwertigkeit aller sowie die Übernahme von Verantwortung. Dabei übernehmen die Schüler:innen Organisation und Leitung des Klassenrats und zwar im Rotationsverfahren, d. h. alle übernehmen im Laufe eines Schuljahres einmal eine Rolle. Diese Rollen sind 1. Moderation, 2. Überwachung der Regeln, 3. der Zeit, 4. Protokollführung. Nach der Besprechung des Protokolls werden die Anliegen gesammelt, diskutiert und Entscheidungen gefällt. Anliegen des Klassenrats reichen von der Organisation von Ausflügen, das Lösen von Klassenkonflikten bis hin zu Klassenaktivitäten in Projektwochen und ggf. die Einflussnahme auf Unterrichtsinhalte sowie die Methodik des Unterrichts und die Beteiligung an außenunterrichtlichen Aktivitäten. Anliegen, die die gesamte Schule betreffen, werden den SV-Vertreter:innen der Klasse als Auftrag für die SV mitgegeben.

Die Schülerinnen und Schüler erfahren durch den Klassenrat, wie sie selbstwirksam auf das Geschehen in ihrer Klasse Einfluss nehmen können. Ihnen wird ein abgesteckter Raum zugestanden, in dem sie mehrheitlich bestimmen und in dem die Lehrkraft eine einzelne Stimme neben den aller Schülerinnen und Schüler hat. Sie greift nur ein, wenn die Regelwächter die selbst gesetzten Regeln nicht mehr beachten bzw. wenn Beschlüsse gefällt werden, die einzelne Schülerinnen und Schüler benachteiligen, diskriminieren bzw. missachten oder gegen Schulregeln verstoßen oder die Kompetenz der Klasse überschreiten (z. B. Abschaffung von Klassenarbeiten oder Hausarbeiten). Der Klassenrat bietet also trotz

Beschränkungen Möglichkeiten demokratischer Einflussnahme auf das Klassengeschehen.

Um einen Klassenrat in diesem Sinne einzuführen und den Rahmen zu halten, ist seitens der Lehrkräfte eine Haltung erforderlich, die die Schülerinnen und Schüler ernst nimmt, Vertrauen in ihre Fähigkeiten hat und die gemeinsamen Regeln genauso achtet wie die der Schülerinnen und Schüler. Es ist eine Haltung der Anerkennung und Wertschätzung der Fähigkeiten der Schülerinnen und Schüler.

Der Klassenrat sollte möglichst in allen Klassen einer Schule umgesetzt werden. Hierzu werden Lehrkräfte Fortbildungen angeboten, bei denen sie einen Einblick in die Funktionsweisen des Klassenrats, die Aufgaben, die Rolle der Lehrkraft und die Umsetzung des Klassenrats erhalten.

Es gibt zum Thema mittlerweile eine Reihe von Publikationen und Materialien, die bei der Einführung und Umsetzung des Klassenrats sehr hilfreich sind:

Literatur und Materialien

Friedrichs, Birte (2014): Praxisbuch Klassenrat – Gemeinschaft fördern, Konflikte lösen, Weinheim und Basel.

Friedrichs, Birte (2009): Klassenrat, in: Edelstein/Frank/Sliwka, Praxisbuch Demokratiepädagogik

Klassenratsinitiative des Regionalverbands der DeGeDe Berlin-Brandenburg mit Materialien (www.degede.de) Kontakt: info@degede.de

Klassenratsmappe der www.beteiligungsagentur.de = www.derKlassenrat.de

U. a. bietet das hessische Projekt GuD schulinterne Fortbildungen zum Klassenrat an (www.gud.bildung.hessen.de).

3.2 Dialogverfahren

Ein weiteres demokratiepädagogisches Element ist der Dialog. Beeinflusst ist dieser Ansatz durch Sokrates, der mit dem Dialog Begriffe klärt und durch kluge Fragen zu neuen Erkenntnissen kommen will. Sokrates betont das selbstständige und begründete Denken, das immer wieder überprüft werden muss, um auf dieser Grundlage Entscheidungen zu treffen. Dialog ist hier ein rationales Verfahren, um Gedanken und Erklärungen immer wieder in Frage zu stellen und auf diesem Weg die Perspektive zu erweitern. Ein Bezug lässt sich an dieser Stelle zur Mediation herstellen, die durch Fragen den Horizont der Konfliktbeteiligten erweitert. Ferner hat Martin Buber die Dialogidee von einem anderen Standpunkt aus weiterentwickelt. Er kommt von einem existenzialistischen Ansatz, und es geht ihm nicht wie Sokrates um Begriffsklärungen, sondern darum, verschiedene Meinungen neben einander stehen zu lassen. Ihm ist Authentizität im Denken und die Gegenseitigkeit des Austauschs wichtig. Es geht immer wieder um den Austausch von Thesen und Antithesen, aber nicht um daraus eine Synthese abzuleiten.

Aufbauend auf diesen Ideen und weiteren hat David Bohm den Dialog-Ansatz weiterentwickelt. Das Ziel des Dialogs definiert er folgendermaßen:

> »Der Sinn des Dialogs ist nicht etwas zu analysieren, eine Auseinandersetzung zu gewinnen oder Meinungen auszutauschen.
>
> Das Ziel ist vielmehr, die eigenen Meinungen in der Schwebe zu halten und sie zu überprüfen, sich die Ansichten aller anderen Teilnehmer anzuhören, sie in der Schwebe zu halten und zu sehen, welchen Sinn sie haben.
>
> Wenn wir erkennen können, welchen Sinn all unsere Meinungen haben, teilen wir einen gemeinsamen Gedankeninhalt, selbst wenn wir nicht völlig übereinstimmen ... .
>
> Und wenn wir in der Lage sind, alle Ansichten gleichermaßen zu betrachten, werden wir vielleicht fähig, uns auf kreativere Weise in eine neue Richtung zu bewegen« (Bohm 1998, 66/67).

Seine Position ist insofern näher an Martin Buber, da er nicht unmittelbar Ergebnisse anstrebt, sondern durch das Öffnen eines kreativen Feldes gemeinsames Denken und damit neue Ideen ermöglichen möchte.

> »Ein Beispiel für gemeinsames Denken wäre, wenn jemand eine Idee hat, die ein anderer aufgreift, während ein Dritter noch etwas hinzufügt. Das Denken würde fließen, anstatt dass da eine Menge verschiedener Leute sitzt und versucht, sich gegenseitig zu überreden oder zu überzeugen« (Bohm 1998, 65). »Wenn ich im Dialog in der Lage bin, meine Rolle als Wissender aufzugeben für das Interesse an dem, was anders ist als ich es bereits kenne, kann ich ›unschuldige‹ Fragen stellen, die aus einem tiefen Bedürfnis geboren sind, etwas wirklich zu verstehen« (Hartkemeyer 2015, 134.)

Dialoge sind eine Möglichkeit, Gespräche zu entschleunigen, indem es immer wieder kreative Pausen zwischen den einzelnen Sprechenden gibt. Dadurch entsteht ein Gedankenfluss, der immer wieder neue Assoziationen auslöst. Es geht nicht darum, andere von der eigenen Meinung zu überzeugen, sondern einen reaktiven Automatismus zwischen Rede und Gegenrede zu vermeiden. Anknüpfungspunkte findet man hierzu auch bei den Scholastikern des Mittelalters, die zunächst die These des Gegenübers wiederholen mussten, bevor sie ihren eigenen Standpunkt äußern durften. Dies nennt man heutzutage einen kontrollierten Dialog.

Das Setting für einen Dialog kann so aussehen, dass ein Zeitrahmen von 1,5 bis 2 Stunden, ggf. auch kürzer, vorgegeben wird. Es gibt Dialoge ohne Themenvorgabe oder mit einem Thema. »Im ›offenen Dialog‹ finden die Teilnehmenden im Laufe des Gesprächs ein für sie wichtiges Thema, an dem sie weiter ›dranbleiben möchten‹. Der Dialog dient hier dazu herauszufinden, welche Themen und Anliegen gemeinsam weiter verfolgt werden sollen« (Zusammenleben neu gestalten 2019b, 43). Ein thematischer Dialog funktioniert immer mit einer offenen Fragestellung. Es wird also nicht das Thema ›Rassismus‹ vorgegeben. Hier könnte die Frage lauten: Was bewegt oder berührt oder beschäftigt mich, wenn ich den Begriff Rassismus höre angesichts der aktuellen gesellschaftspolitischen Ereignisse....

Alle Beteiligten sitzen in einem Stuhlkreis, können sich insofern ansehen. »Die Beteiligten werden dabei unterstützt und dazu ermuntert,

- offen und respektvoll hinzuhören,
- so zu sprechen, dass sich dem Anderen möglichst Sinn und Motive des Gesprochenen erschließen,
- aus der Vielheit der Stimmen zu schöpfen, ohne Andere von der eigenen Sichtweise überzeugen zu müssen« (ebd.).

In der Mitte liegt ein Gegenstand, z. B. ein Stein oder ein Ball. Die Person, die die Einführung macht, nimmt den Gegenstand, erklärt den Rahmen und legt ihn wieder in die Mitte. Wenn jemand etwas sagen möchte, geht sie oder er in die Mitte, nimmt den Gegenstand, teilt ihre bzw. seine Gedanken mit und legt danach das »Redeobjekt« wieder in die Mitte. Dieser Prozess erfolgt so lange, bis die vereinbarte Zeit vorüber ist und die einladende Person dies verkündet. Auf einer Metaebene wird der Prozess am Ende kurz reflektiert. Es ist möglich, dass es zu Phasen des Schweigens kommt. Das müssen alle aushalten. Dadurch, dass nur diejenige spricht, die das »Redeobjekt« hat, entsteht eine gleichschwebende Aufmerksamkeit zu allem Gesagten und es können neue Gedanken und Assoziationen entstehen, die bei einer normalen Debatte nicht zum Vorschein kommen würden.

Literatur
Hartkemeyer, Martina/Hartkemeyer Johannes/Hartkemeyer, Tobias (2015): Dialogische Intelligenz. Aus dem Käfig des Gedachten in den Kosmos des gemeinsamen Denkens.

3.3 Dilemma-Dialoge

Dilemma-Dialoge sind ein Reflexionsort, in dem verschiedene Meinungen zum Ausdruck kommen und in dem es nicht um Lösungen geht. Insofern geht es darum, eine Haltung zu erwerben, die einen Schwebezustand aushält. Es geht um Meinungsvielfalt, Perspektivenerweiterung und nicht um eine Debatte.

Dem Prinzip des Dialogs folgend können Dilemma-Dialoge eine gute Möglichkeit sein, Standpunkte in einer Dilemma-Situation gegeneinander abzuwägen und sich in die Person, die in dem Dilemma steckt, hineinzuversetzen. Beispielhaft soll das an einer Kunstlehrerin gezeigt werden, die das Thema Porträtzeichnen im Unterricht behandelt. Ein muslimischer Schüler weigert sich mit Bezugnahme auf seine Religion, ein Porträt anzufertigen. Im Dilemma-Dialog gilt es nun, sich in die Rolle der Lehrerin hineinzuversetzen und zu entscheiden, ob sie den Schüler trotz seines Widerspruchs dazu bringen soll, das Porträt anzufertigen, oder ob sie bei ihm eine Ausnahmeregelung zulässt. Die beiden Positionen werden im Raum markiert und sind durch eine Mittellinie aus Kreppband getrennt. Die Teilnehmenden des Dilemma-Dialogs überlegen nun, welcher Meinung sie sich eher anschließen möchten, und positionieren sich entsprechend im Raum. Je näher eine Person sich zur Mittellinie stellt, desto weniger kann sie sich mit der Position identifizieren, sie hegt also gewisse Zweifel, muss sich aber dennoch für die eine oder andere Position entscheiden, kann also nicht auf der Mittellinie stehen. Wenn die Positionierung am entferntesten von der Mittellinie ist, dann bedeutet das die vollständige Zustimmung. Wenn alle Beteiligten ihre Position gefunden haben, dann erhalten sie die Möglichkeit, ihre Position zu begründen. Dies kann mit dem folgenden Satzanfang geschehen: »Ich stehe hier, weil ... .« Wenn alle, die sich äußern wollten, ihre Begründung genannt haben, können weitere Dilemma-Situationen von den Pädagog:innen vorgetragen werden. Am Ende erfolgt eine Gesamtauswertung, um die Erkenntnisse aus dieser Übung zusammenzutragen.

> »Durch das Dilemma, sich für eine von zwei suboptimalen Lösungen zu entscheiden, wird bei den Teilnehmer/-innen ein hohe Selbstaufmerksamkeit, aber auch eine sensible Wahrnehmungsbereitschaft für das ›Ringen mit unterschiedlichen Überzeugungen‹ bei anderen erzeugt. Die Trennung zwischen Meinung und Grund wird sichtbar. .... Der gemeinsame Prozess wird als etwas ›Produktives‹ bezeichnet, bei dem eine neue Ebene des Denkens erreicht wurde. .... Überraschenderweise wird das Hineinführen in die ›Uneindeutigkeit‹, die Ambivalenz – zumindest im Nachhinein – als Befreiung erlebt« (Kaletsch/Rech 2015, 33).

Dilemma-Dialoge schulen insofern das Zuhören, das Aushalten von Widersprüchen und das Nachdenken über komplexe Situationen. Sie ermöglichen insofern auch Ambiguitätstoleranz zu entwickeln und sind bei politischen Fragestellungen ein gutes Mittel für Demokratiebildung. Es geht nicht darum Recht zu behalten, sondern auch in schwierigen Situationen nach möglichst guten Lösungen zu suchen oder es auszuhalten, dass es diese nicht gibt.

Beispiele für Dilemma-Dialoge und eine genaue Anleitung finden sich im Methodenteil (▶ Kap. 5).

Weitere Beispiele finden sich in: Kaletsch/Rech (2015) sowie bei Zusammenleben neu gestalten 2021 (s. Literaturliste).

3.4 Demokratietraining

Im Rahmen des schon erwähnten BLK-Programms »Demokratie lernen und leben«, das in Hessen den Schwerpunkt »Mediation und Partizipation« hatte, und im Rahmen des Vorgängerprojekts »Mediation und Schulprogramm« entwickelte Christa Kaletsch sowohl für das Jugendbildungswerk in Offenbach als auch für zahlreiche hessische Schulen ein Demokratietraining. Dies wurde mit einem Kreis von Multiplikator:innen ab Anfang 2004 schwerpunktmäßig in siebten und achten Klassen durchgeführt. In einer Pilotphase waren zuvor das Kinder- und Jugendparlament Offenbach

3.4 Demokratietraining

sowie SV-Gruppen von verschiedenen Schulen eingebunden gewesen. Grundlage waren dabei die Ansätze konstruktiver Konfliktbearbeitung. Das Demokratietraining ist dabei gekoppelt mit einem Training für Schülervertretungen.

> »Das Demokratietraining kann dabei als flankierende Maßnahme wirken, indem es der ›Basis‹ Lust macht, die Chancen der Schülervertretungsarbeit stärker wahrzunehmen. Demokratietrainings können dazu motivieren, den möglichen Aktionsradius von Schule genauer in den Blick zu nehmen und auszuprobieren ›Politik zu machen‹... Im Mittelpunkt des Demokratietrainings steht das Anliegen, bei Kindern und Jugendlichen ein allgemeines Interesse für die Funktionsweisen von demokratischen Abläufen zu wecken« (Kaletsch 2007, 37).

Im umfangreichen Methodenteil des Demokratie- und SV-Trainings hat Christa Kaletsch für acht Bereiche eine große Zahl von Übungen zusammengestellt, die im Unterricht und in Projektwochen eingesetzt werden können. Es geht dabei um 1. Trainingseinstiege beispielsweise durch ein Partnerinterview, 2. Rollenfindung, Rollenklärung und Teambildung (z. B. Rollenklärung für SV-Vertreter), 3. Kommunikation durch Meinungsbarometer und Fishbowl, 4. Dilemma-Planspiele (z. B. »Die menschenfreundliche Schule«), 5. Entscheidungsfindung, 6. Themen- und Problembearbeitung beispielsweise durch »Problemlandkarte«, Statuen- und Forumtheater, 7. Kinder-, Menschen- und Schülerrechte (z. B. Courage-Spiel) und 8. »Action« durch aktivierende Meinungsbarometerfragen.

In einer der BLK-Schulen wurde eine besondere Variante des Demokratietrainings realisiert. Ältere Schülerinnen und Schüler der neunten und zehnten Klassen führten mit solchen der Mittelstufe Demokratietrainings durch. Im Rahmen einer Arbeitsgemeinschaft wurden die älteren Schüler:innen durch die Trainerin und den Klassenlehrer auf ihre Aufgabe vorbereitet und haben dann eigenständig mit den jüngeren Schüler:innen das Training durchgeführt. Dadurch gab es einen doppelten Lerneffekt: die älteren Schüler:innen befassten sich mit Demokratiefragen und der Vermittlung an die Jüngeren. Durch das Peer-Lernen konnten alle Erfahrungen in demokratischem Handeln machen. Der Kurs wurde nicht benotet und war insofern befreit von einem hinderlichen Leistungsanspruch und ließ dadurch mehr Offenheit und Authentizität zu. Leider ließ sich diese Arbeitsgemeinschaft nur wenige Jahre aufrechterhalten. Nachdem die älteren Schüler:innen die Schule verlassen hatten, wurde der Ansatz nicht mehr fortgeführt.

> **Literatur**
> Christa Kaletsch (2017): Demokratietraining. Schwalbach/Ts.

3.5 SV-Arbeit und andere Formen der Schülerpartizipation

Der Schülervertretung (SV), teils auch SMV genannt, kommt eine wesentliche Funktion für Demokratiebildung zu, da sie in allen Schulen gesetzlich verankert ist. Sie ist eine Interessensvertretung aller Schülerinnen und Schüler einer Schule. Die Möglichkeiten, die die SV hat, werden in den meisten Fällen nicht umfänglich genutzt. Die SV-Vertretungen sind Mitglied der Schulkonferenz, an der Schulleitung, Vertretung der Lehrkräfte sowie der Eltern teilnehmen. SV-Vertretungen können auch zu Gesamtkonferenzen der Lehrkräfte eingeladen werden. Es gibt sowohl SV-en, die viel Engagement entwickeln und in der Schule sehr sichtbar sind, als auch solche, die sehr passiv sind. Wichtig ist die Unterstützung durch die Vertrauenslehrkraft, die die Schülerinnen und Schüler entsprechend motiviert, ihre Interessen zu artikulieren. Hilfreich ist es, wenn nicht nur eine Lehrkraft aktiv ist, sondern die Unterstützung der SV auf mehreren Schultern verteilt wird. Aktive SV-en organisieren Projektwochen gegen Rechtsextremismus und Antisemitismus, engagieren sich bei Fridays for Future oder sind aktiv im Rahmen von »Schule ohne Rassismus/Schule mit Courage«.

In Hessen, NRW und Rheinland-Pfalz engagieren sie sich bei den jährlichen Demokratietagen und gestalten diese, wenn sie an ihrer Schule stattfinden, entsprechend mit. Es ist erstaunlich, wie viel Engagement bei den Schülerinnen und Schülern entsteht, wenn ihnen ein entsprechender Raum zur Verfügung gestellt wird und sie mit ihren Anliegen ernst genommen werden.

Durch ein besonderes Training können sie dafür sensibilisiert werden, »dass sie ihre Arbeit in der Schülerschaft transparent machen, dass sie ihr Amt ernst- und wahrnehmen, indem sie sich als einzelne Entscheidungsträger nicht zu viel aufbürden und sich ihren Wählern durch ›Geheimniskrämerei‹ verschließen, sondern vielmehr ihre Rolle in der Vermittlung und Moderation von Schülerinteressen begreifen und die Bereitschaft entwickeln, möglichst viele Leute an den Entscheidungsprozessen zu beteiligen. In diesem Zusammenhang ist es wichtig, die SV-Mitglieder immer wieder dazu zu animieren, auf ihre Mitschülerinnen und -schüler zuzugehen und sie nach ihrer Meinung zu fragen, aber auch um ihre Mitarbeit zu werben« (Kaletsch 2007, 35).

Die Rolle der SV zeigt sich schon beim Wahlverfahren. Entweder gibt es in den ersten Wochen des neuen Schuljahres in einer Stunde nur eine kurze Sequenz, in der die Vertretungen mehr oder weniger nach Sympathie gewählt werden, oder es gibt ein stufiges Verfahren, bei dem die Rechte und Pflichten der Klassensprecher:innen und das Anforderungsprofil in der Klasse erarbeitet werden, sich die Bewerberinnen und Bewerber zunächst in einer weiteren Stunde mit einem Steckbrief und ihren Zielen vorstellen und zuletzt die Wahl, organisiert durch einen Wahlausschuss, relativ zeitnah stattfindet.

Auch ist es möglich, die Schulsprecher:innen nicht durch die SV wählen zu lassen, sondern in einem Direktwahlverfahren von allen Schülerinnen und Schülern.

Es gibt auch einzelne Schulen – insbesondere Grundschulen –, die ein Schulparlament haben. Dieses besteht aus den Klassensprecherinnen und Klassensprechern und trifft sich regelmäßig zu einer festgelegten Zeit wöchentlich oder vierzehntäglich mit der

Schulleitung oder einer Lehrkraft. Es ist wie ein Parlament organisiert, d.h. die Leitung obliegt einzelnen Schüler:innen, die auch für die Struktur und die Regeln sorgen, so ähnlich wie beim Klassenrat. Teilweise übernimmt die Schulleitung das Protokoll, es kann aber auch reihum von Kindern oder Jugendlichen übernommen werden. Im Schulparlament werden Anliegen der ganzen Schule wie Sauberkeit von Toiletten, Handynutzung, ggf. Geräteausleihe oder Organisation von Projektwochen besprochen. Entscheidend sind die Regelmäßigkeit der Sitzungen und die Umsetzung der Beschlüsse. Einzelne Schulparlamente erhalten auch ein eigenes Budget von der Schule, über das sie im Sinne der Schule entscheiden können.

Eine Weiterentwicklung ist das bundesweite Projekt Schüler:innenHaushalt, in dessen Rahmen Schüler:innen über die Verwendung von eigens dafür bereitgestellten Finanzmitteln entscheiden. Ziel ist es, im Schüler:innenHaushalt sowohl die Herausforderungen und Chancen des demokratischen Prozesses zu erlernen und sich mit diesen vertraut zu machen als auch Schüler:innen Mittel zur Umsetzung ihrer Projekte an die Hand zu geben (Kontakt: Louis Krüger | +49 30 3087845-26 l.krueger@jugendbeteiligung.info www.schuelerinnen-haushalt.de)

Eine weitergehende Verknüpfung in die Kommune hinein besteht darin, dass sich Vertreterinnen und Vertreter aus mehreren Schulen einer Kommune oder eines Landkreises in einem Kinder- und Jugendparlament versammeln und alle für diese Zielgruppe wichtigen Themen zunächst sammeln, diese erörtern und dann Vorschläge für die Lösung von Problemen entwickeln. In Baden-Württemberg sind diese Gremien fester Bestandteil der Kommunen. In ca. der Hälfte aller Städte und Gemeinden sind sie dort aktiv. Solche Gremien sind in jedem Bundesland möglich, die gesetzlichen Voraussetzungen dazu sind jeweils unterschiedlich.

In Kapitel 2.5. (▶ Kap. 2.5) wurde schon ausführlicher das Modell der Schüler-Mediation beschrieben. Es ist ein sehr wichtiges Instrument, um konstruktiv mit Konflikten umzugehen. In dieser Form ist es auch ein wichtiges Instrument der Beteiligung.

3.6 Diskursive Verfahren: Just Community, Deliberation, Jugend debattiert

Über das Schülerparlament hinaus sind weitere Verfahren und Ansätze für Demokratiebildung förderlich. Der »Just-community-Ansatz« ist eine Möglichkeit. Mit diesem Ansatz wird die Kommunikation und Entscheidung in sehr großen Gruppen (z. B. jährliche oder halbjährliche Schulversammlungen in einer Grundschule mit der gesamten Schule oder Diskussionen in einer gesamten Jahrgangsstufe in der Sekundarstufe) organisiert. Dabei sollen möglichst viele Anwesende zu Wort kommen können. Meistens geht es um grundsätzliche Fragen wie beispielsweise die Gestaltung des Schulhofs. Solch große Versammlungen müssen gut vorbereitet sein, können aber die Aufmerksamkeit aller für zentrale Anliegen wecken.

Ein weiteres diskursives Verfahren ist die Deliberation. »Deliberation bedeutet vernunftgeleitetes und freies Sprechen mit dem Ziel einer schrittweisen und kleinteiligen Verständigung über die Präferenzen einzelner beteiligter Individuen« (Sliwka u.a., 2009, 207). Ziel ist es, zunächst zu verstehen, welche Positionen zu einem Thema im Raum vorhanden sind, dann einen Konsens zu suchen und nicht durch eine Abstimmung zu einem Ergebnis zu kommen, sondern nach solchen Lösungen zu suchen, mit denen mehr oder weniger alle zufrieden sind. Solche Diskussionen finden im Kreis statt und werden wie im Dialog (▶ Kap. 3.2.) mit einfachen Mitteln gesteuert, wobei möglichst alle zu Wort kommen sollten. Solche Verfahren tragen auch zur Entwicklung von moralischen Urteilen (Kohlberg) bei. Die Deliberation folgt insofern der Haltung in Dialogen.

Im Gegensatz dazu sind Debatten regelgesteuerte Verfahren, um zu einem Ergebnis durch Abstimmungen oder zu Bewertungen der Debattierenden zu kommen. Durch ein strenges Reglement mit Hilfe einer Moderator:in und einer Zeitwächter:in werden Störungen durch Dazwischenreden, Nicht-Zuhören oder eine aggressive

Sprache verhindert. In einer Debatte geht es meist darum, gegensätzliche Standpunkte auszutauschen. Solche Debatten können in den unterschiedlichsten Fächern durchgeführt werden.

Seit 2001 gibt es den bundesweiten Wettbewerb »Jugend debattiert« unter der Schirmherrschaft des Bundespräsidenten. Er richtet sich an Schüler:innen der Sekundarstufe I und II (8./9. Klasse und 11./12.Klasse). Ziel ist es, die Argumentationsfähigkeit und die politische Bildung zu fördern. Schulen, die sich daran beteiligen, sind in regionalen Verbünden organisiert. Der jährlich stattfindende Wettbewerb wird zunächst auf Schulebene, d.h. in den einzelnen Klassen, organisiert. Immer vier Schüler:innen debattieren in einem eng gesetzten Zeitfenster zu einem kontroversen Thema, wobei es immer zwei Pro- und zwei Kontra-Positionen gibt. Aus der Schule werden dann die zwei besten aus jeder Sekundarstufe ermittelt, die dann gegen Gewinner aus anderen Schulen in der Region antreten. Wenn hier die Gewinner feststehen, geht es im Wettbewerb weiter auf Landes- und schließlich auf Bundesebene. Bei der Beurteilung der Debattierenden durch eine Jury sind vier Kriterien entscheidend: Sachkenntnis, Ausdrucksvermögen, Gesprächsfähigkeit und Überzeugungskraft.

Informationen
www.jugend-debattiert.de

3.7 Kooperatives Lernen

Eine gute Voraussetzung für die genannten diskursiven Verfahren ist das Kooperative Lernen, das seinen Ursprung in Nordamerika hat. Insbesondere Norm und Kathy Green aus Kanada haben dieses Modell weiterentwickelt. Kern ist ein Dreischritt: Denken – Austauschen – Vorstellen (»Think – Pair – Share«).

Dieser Dreischritt beruht auf zwei Grundgedanken: 1. Die Schülerinnen und Schüler müssen sich den Unterrichtsgegenstand mental selbst erarbeiten. Um den verschiedenen Lerntypen gerecht zu werden, bedarf es verschiedener Methoden (beispielsweise Gruppenpuzzle, Lerntempoduett = Schüler:innen, die gleich schnell sind, tauschen sich aus). 2. Der Lernprozess wird so angelegt, dass die Schüler:innen miteinander und voneinander lernen. Dabei wird niemand ausgegrenzt und alle tragen Verantwortung für den Prozess und das Ergebnis (Alpers 2013, 53).

Gelingensbedingungen für Kooperatives Lernen sind:

1. Eine positive wechselseitige Abhängigkeit
2. Individuelle Verantwortlichkeit
3. Die direkte Interaktion zwischen den Schüler:innen
4. Soziale Kompetenzen sind sowohl Voraussetzung als auch Ziel
5. Die Reflexion des Lernprozesses

> **Literatur**
> Ludger Brüning/Tobias Saum (2006): Erfolgreich unterrichten durch Kooperatives Lernen – Strategien zur Schüleraktivierung, Essen

3.8 Peergroup-Education (PGE)

Das Prinzip der Peergroup-Education (PGE) ist nicht nur beim Kooperativen Lernen sehr wichtig, sondern spielt auch bei anderen Lerngelegenheiten, bei denen meist geschulte Kinder und Jugendliche anderen helfen, eine wichtige Rolle.

Bei der Peergroup-Education unterstützen sich Schülerinnen und Schüler u. a. beim Lernen im Unterricht oder bei Hausaufgaben gegenseitig. »Kinder und Jugendliche können oft wirksamer mit anderen Jugendlichen des gleichen sozialen und kulturellen Hintergrunds über bestimmte Fragen diskutieren und dabei Einsichten gewinnen, als das mit Erwachsenen möglich wäre. Peers erleichtern und fördern also den Lernprozess, umso mehr, wenn Erwachsene und Lehrkräfte sie begleiten« (Faller/Kneip, 23). Kinder und Jugendliche haben zu ihrer Altersgruppe bzw. zu Jüngeren meist eine unkomplizierte und authentische Beziehung und haben dadurch eine größere Glaubwürdigkeit. Bei der PGE kann man drei Varianten unterscheiden: 1. Ältere Schüler:innen unterstützen jüngere wie das bei Patenmodellen der Fall ist. 2. Geschulte Gleichaltrige helfen mit ihrem Wissen und ihren Fähigkeiten Mitschüler:innen. 3. Schüler:innen helfen sich gegenseitig, d.h. je nach den Stärken kann die Unterstützung einmal in die eine und dann wieder in die andere Richtung gehen. Dies kommt in der Gruppenarbeit gut zum Tragen, bei der unterschiedliche Stärken genutzt werden können.

War diese Idee in den 1970er Jahren in Nordamerika zunächst auf das Thema Gesundheitsprävention ausgerichtet, so bekam sie in den 1990er Jahren insbesondere Bedeutung bei den Peer-Mediator:innen. Eine weitere große Bedeutung hat sie aktuell beim Thema »Medienkompetenz«. Das Projekt Digitale Helden setzt sehr erfolgreich Jugendliche als Experten ein, die u.a. die Themen Cybermobbing und Jugendmedienschutz vermitteln. Die »Digitalen Helden« erhalten dazu eine entsprechende Schulung. Remo Largo, ein Psychologe und Pädagoge aus der Schweiz, gab den Peers sogar eine größere Bedeutung als den Lehrkräften. Schülerinnen und Schüler, die anderen Kindern und Jugendlichen etwas vermitteln, lernen dabei auch für sich sehr intensiv. Insofern sind Konzepte, bei denen stärkere mit schwächeren Schülerinnen und Schülern kooperieren für beide Seiten sehr gewinnbringend. Konzepte des Peer-Lernens könnten in einer Phase wie der Corona-Pandemie eine große Rolle spielen bzw. gespielt haben. Aber das hätte schon vor der Pandemie eingeübt werden müssen.

3.9 Schüler-Feedback und partizipative Formen der Leistungsbeurteilung

Eine gute Möglichkeit, Unterricht weiterzuentwickeln, sind regelmäßige Feedbacks von Schülerinnen und Schülern an die Lehrkräfte. Daneben sind kollegiale Hospitationen, Besuche durch die Schulleitung oder Selbstbeobachtungsbögen auch möglich. Ein Feedback durch Schülerinnen und Schüler ist naheliegend, da sie den Unterricht tagtäglich erleben und meist eine sehr gute Einschätzung dazu haben, was für sie gelungen ist und was nicht. Feedback kann mündlich oder schriftlich erfolgen, wobei beim schriftlichen Feedback alle eingebunden sind und nicht nur kommunikationsstarke Schüler:innen. Entscheidend sind die Auswertung und Weiterverarbeitung des Feedbacks. Dabei muss die Lehrkraft deutlich machen, was verändert werden kann und was nicht. Bestimmte Vorgaben des Lehrplans können beispielsweise nicht zur Disposition gestellt werden. Wichtige Voraussetzung für ein Feedback ist eine vertrauensvolle Beziehung zwischen Lehrkräften und Schüler:innen, damit eine offene und ehrliche Kommunikation möglich ist, um zu guten gemeinsamen Absprachen zu kommen. Insofern sind für die Auswertungsgespräche entsprechend ein angemessen großer Zeitrahmen einzuplanen.

Methodisch ist zu klären, ob das Feedback anonym oder namentlich erfolgen soll. Auch könnten die Schüler:innen nach einem individuellen Feedback Überlegungen in Kleingruppen anstellen, um zu fundierten und reflektierten Antworten zu kommen. Standardisierte Fragebögen (▶ Anhang) erleichtern die Auswertung, aber offene Fragen können Differenzierungen und unerwartete Hinweise hervorbringen.

Wichtig ist, dass Feedback nicht eine einmalige Angelegenheit ist, sondern immer wieder erfolgt. Es macht einen Unterschied, ob nur eine Lehrkraft sich Rückmeldungen holt oder ob sich sehr viele Lehrkräfte oder sogar die gesamte Schulgemeinde daran beteiligt. Wenn Feedback durch Schüler:innen eine feste Institution ist, dann können sich daraus auch Konsequenzen für die gesamte Schule ableiten.

> »Wenn es gelingt, schrittweise eine wirksame Feedbackkultur in der Schule zu entwickeln, ist dies auch ein Beitrag zu einer veränderten Schulkultur, in der Schülerinnen und Schüler gezielt und aktiv in Fragen der Gestaltung von Schule und Unterricht einbezogen werden – mit ihren Erfahrungen, Zielsetzungen, Schwierigkeiten und Wünschen« (Wild 2013, 228).

Ein weiteres Feld von Schülerbeteiligung ist eine transparente und gerechtigkeitsorientierte Leistungsbeurteilung. Etliche reformorientierte Schulen haben sich von Ziffernnoten verabschiedet und sich für qualitative Rückmeldungen in Form der Beschreibung der Leistungen und der Entwicklungsbedarfe der Schülerinnen und Schüler entschieden. Dabei werden in unterschiedlicher Form Rückmeldungen zur Kompetenzentwicklung in dem jeweiligen Fach bzw. Projekt gegeben. Dabei kann es zu Beginn einer Einheit bzw. eines Schulhalbjahres Vereinbarungen zwischen Lehrkräften und Schüler:innen geben, welche Ziele und damit Kompetenzen in welchem Zeitraum erreicht werden sollen. Dies kann beispielsweise in Form einen Logbuchs dokumentiert werden, in das Schüler:innen ihre Leistungen notieren und Lehrkräfte sie kommentieren. Die Eltern haben dann auch die Möglichkeit, ihre Rückmeldungen dazu zu schreiben. Hierzu können zudem »zur Lernstandsdiagnose differenzierte, an Kompetenzrastern oder Lernlandkarten ausgerichtete Checklisten (dienen), die ihnen eine differenzielle Bewertung der Fortschritte im Kompetenzerwerb ermöglichen« (Veith, 2016, 133). Entscheidend ist die Herstellung von Transparenz und Beteiligung. Eine Gesamtschule in Göttingen nutzt »zur Leistungsdokumentation ... neben dem Lernentwicklungsbericht das protokollierte Lernentwicklungsgespräch, um in dialogischen Formen zwischen Lehrkräften, Eltern und Kindern das Schulhalbjahr zu reflektieren und weitergehende Perspektiven auszuloten« (ebd., 134).

3.10 Lions-Quest-Programm »Erwachsen handeln«

Die Lions Deutschland setzen seit vielen Jahren ein Programm zum sozialen Lernen und zur Gesundheitsprävention mit dem Titel »Erwachsen werden« an deutschen Schulen um (▶ Kap. 3.12). Das weiterführende Programm »Erwachsen handeln« geht über das Erstgenannte hinaus und hat den Schwerpunkt Demokratielernen und Engagementförderung. Es ist für die Klassen 9–13 gedacht und vermittelt grundsätzliche Lebensweltkompetenzen, die auch für den Berufseinstieg wichtig sind, und verknüpft diese mit Elementen der Demokratiepädagogik und der Partizipation. In einer 2,5-tägigen Fortbildung (25 Unterrichtseinheiten) werden Lehrkräften und Pädagoginnen und Pädagogen die Inhalte und Methoden des Gesamtkonzepts praxisnah vermittelt, so dass eine sofortige Umsetzung möglich ist. Günstig ist, wenn dieses Programm in allen Klassen einer Schule umgesetzt wird.

> **Informationen**
> https://www.lions-quest.de/lions-quest/erwachsen-handeln

3.11 Projektlernen

Das Projektlernen ist eine wichtige Form, um im Sinne der Kompetenzorientierung selbständig und in Kooperation mit anderen Wissen zu generieren und ggf. durch die Umsetzung der Ergebnisse in Praxis wichtige Lernerfahrungen zu machen. Projektlernen kann in einer Projektwoche, in einzelnen Fächern themenspezifisch oder in mehreren Fächern themenübergreifend erfolgen. So kann das Thema »Klimawandel« bzw. »Umweltschutz« aus natur- und gesellschaftswissenschaftlicher Perspektive behandelt und Handlungsperspektiven aufgezeigt werden. Projekte sollten in partizipativer Mitverantwortung von Schülerinnen und Schülern erfolgen. Projekte können sowohl im Unterricht als auch in der gesamten Schule umgesetzt werden. Bei Letzterem können unterschiedliche Aspekte behandelt werden. Projekte können über die Schule hinausweisen und kommunale und regionale (politische) Aspekte aufgreifen und direkt in die Gemeinde hineinwirken. Beispielsweise hatte es sich eine Grundschule zur Aufgabe gemacht, sämtliche Mülleimer der Gemeinde neu zu gestalten und damit die Bürgerinnen und Bürger zu mehr Sauberkeit anzuhalten. Zum Thema Klimakrise können ferner Aktive von Fridays for Future eingebunden werden und die gesamte Schulgemeinde kann – wenn von den Schüler:innen bestimmt – Überlegungen anstellen, wie die Schule sich in diesem Feld engagieren und über die Schule hinaus wirken kann.

3.12 Soziales Lernen als Prävention

Soziales Lernen spielt in der Schule schon lange eine wichtige Rolle, auch wenn es meistens keinen festen Platz im Curriculum der jeweiligen Schule hat und nicht systematisch durchgeführt wird. An wenigen Schulen gibt es dazu regelmäßige Stunden, oder es wird an Projekttagen durchgeführt. Es gibt schon länger die Erkenntnis, dass das soziale Gefüge einer Klasse und der Umgang miteinander einen wesentlichen Einfluss auf das Lernklima hat. Gerade wenn sich eine Klasse neu formiert, werden Beziehungen geklärt, bilden sich Hierarchien und Untergruppen, die sich teilweise an den Geschlechtern orientieren bzw. an Zuneigung und Abneigung. Vor allen Dingen in den 1. Klassen der Grundschule und in den 5. Klassen der Mittelstufe erfolgt diese Beziehungsklärung in den ersten Monaten. Diese vier gruppendynamischen Phasen umfassen Orientierung, Gärung und Klärung, Arbeitslust und Produktivität sowie Abschied.

Nach einer gewissen Zeit ist es sinnvoll, diese gruppendynamischen Prozesse in einer konstruktiven Weise zu lenken, sei es durch Kommunikationsübungen oder Verfahrensweisen konstruktiver Konfliktbearbeitung. Aus diesem Grund wurden vor allen in den letzten 20 Jahren sehr verschiedene Programme entwickelt, die unterschiedlich gut in den Schulen etabliert sind. Dabei gibt es spezifischere Programme, die sich gegen Mobbing richten wie das Programm »fairplayer« oder, weniger spezifisch, wie das LionsQuest Programm »Erwachsen werden« für die Sekundarstufe, das recht gut verbreitet ist und eine gute Unterstützungsstruktur durch Fortbildungen und Begleitung hat. Für die Grundschule gibt es u. a. »Klasse 2000« und »Eigenständig werden«. In Hessen wurden Programme zum sozialen Lernen basierend auf dem Grundgedanken der Mediation entwickelt.[4] Dabei werden wichtige soziale Kompetenzen durch Übungen wie die »nicht verletzende Ärgermitteilung« und das »aktive Zuhören«, die auch bei der der Mediation eine wichtige Rolle spielen, vermittelt (▶ Kap. 5.1 und ▶ Kap. 5.2).

Die Sensibilisierung für konstruktive Konfliktbearbeitung durch die Klassenprogramme hat meist auch einen positiven Effekt für die Peer-Mediation. In Schulen, in denen systematisch jedes Jahr Klassenprogramme zum sozialen Lernen durchgeführt werden, ist die Akzeptanz der Peer-Mediation deutlich höher.

Ein sehr großer Teil der in Deutschland existierenden Präventionsprogramme, die evaluiert worden sind, findet sich in der grünen Liste Prävention wieder. Insofern bietet diese Liste einen gu-

---

4 Vgl. Kaletsch, Christa (2003): Konstruktive Konfliktkultur – Förderprogramm für die Klassen 5 und 6. Weinheim (auch Eingangsprogramm genannt) sowie Altenburg, Marion (2013): Die Kunst Konflikte produktiv zu lösen. Sensibilisierungsprogramm für die Klassen 7 und 8. Frankfurt am Main, Kosten 8,00 €. Bezug:
https://kultusministerium.hessen.de/presse/infomaterial/9/die-kunst-konfli
kte-produktiv-zu-loesen

ten Überblick an Programmen und bietet die Grundlage zur passenden Auswahl für die eigene Schule. Der Zugang ist der Folgende: www.gruene-liste-praevention.de

Weitere Beschreibungen verschiedener Programme finden sich in den Büchern von Wilfried Schubarth (2020) und Rademacher/Altenburg-van Dieken (2011) – s. Literaturliste.

Das hessische Projekt GuD bietet in diesem Zusammenhang Fortbildungen unter dem Titel »Klassenprogramm soziales Lernen« an (vgl. www.gud.bildung.hessen.de).

3.13 Lernen durch Engagement – Service Learning

Lernen durch Engagement (LdE), auch Service Learning genannt, ist ein pädagogischer Ansatz aus Nordamerika, der mittlerweile auch im deutschsprachigen Raum eine gute Verbreitung gefunden hat. Service-Learning-Projekte verbinden einen Dienst am Gemeinwohl (engl. ›service‹) mit kognitivem, emotionalem und sozialem Lernen (engl. ›learning‹)« (Frank u.a. 2009, 153). Diese Projekte können insofern einen wichtigen Beitrag zum Demokratielernen leisten.

Es gibt unterschiedliche Formen, wie LdE realisiert werden kann. Es kann in Form eines *Unterrichtsprojekts* erfolgen, bei dem beispielsweise Schüler:innen einer 8. Klasse im naturwissenschaftlichen Unterricht mit einer Kita kooperieren, um den dortigen Kindern durch Experimente naturwissenschaftliches Denken nahe zu bringen. Vorausgehen müsste ein Recherchetag, bei dem die Schüler:innen herausfinden, was für die Kita-Kinder von Interesse ist und wie eine angemessene Umsetzung erfolgen kann. Dabei lernen die Schüler:innen sich mit naturwissenschaftlichen Prinzipien auseinanderzusetzen und sich mit entwicklungspsychologischen und didaktischen Fragen zu beschäftigen.

3.13 Lernen durch Engagement – Service Learning

Ein weiteres Beispiel wäre LdE als *Methode eines Fachs* (z. B. Arbeitslehre). Während eines gesamten Schuljahres könnten die Schüler:innen einmal wöchentlich in einer sozialen Einrichtung oder bei einem lokalen Projekt mitwirken. Dies könnte durch die Mitarbeit in einem Sportverein, bei einem lokalen Radio oder in einem Altenheim erfolgen. Auch hier müsste zuvor der Bedarf festgestellt werden, damit die Aufgaben nicht in Konkurrenz zu anderen helfenden Personen beispielsweise in einem Altenheim stehen. Denkbar wäre ein PC-Training für Senioren.

Ein drittes Beispiel wäre LdE als *Wahlpflichtfach*. Schüler:innen könnten in einer Gemeinde erkunden, was sie Sinnvolles für das Gemeinwohl tun könnten. Auf dieser Grundlage würden Engagement-Projekte wie Vorlesenachmittage in einer Bibliothek oder die Erstellung einer Homepage für ein Gemeindemuseum einmal wöchentlich realisiert. Während der gesamten Dauer der Aktivitäten führen die Schüler:innen ein Lerntagebuch, mit dem sie ihre Erfahrungen reflektieren.

Als letztes Beispiel sei ein *fächerübergreifendes Projekt* genannt, bei dem Grundschüler:innen ein Insektenhotel auf einer ungenutzten Wiese der Gemeinde errichten. Dabei würden die Fächer Sachkunde (Insekten und Naturschutz), Deutsch (Briefe an Naturschutzbund und Bürgermeister), Mathematik (Berechnung von Materialmengen und Kosten) und Werken (Bau des Insektenhotels) zum Tragen kommen.

LdE-Projekte ermöglichen Verantwortungsübernahme, und die Beteiligten erfahren darüber Selbstwirksamkeit und Anerkennung. Am wirkungsvollsten ist es, wenn die gesamte Schule solche Engagementprojekte immer wieder durchführt.

Der demokratische Gehalt von LdE wird dadurch deutlich erhöht, wenn die Orte des Engagements in einen politischen Zusammenhang gestellt werden. So können in Bezug auf Seniorenheime Fragen der Sozialpolitik und der besonderen Situation dort in Zeiten einer Pandemie behandelt werden.

Es gibt folgende zentrale Kennzeichen bzw. Qualitätsziele von LdE

1. »Das Engagement der Schüler/innen reagiert auf einen echten Bedarf oder ein reales Problem in ihrer Stadt oder Gemeinde.«
2. »Die Projekte sind Teil des Unterrichts und/oder werden mit Unterrichtsinhalten verknüpft.«
3. »Es findet eine regelmäßige und geplante Reflexion der Erfahrungen der Schüler/innen statt.«
4. »Das Engagement der Schüler/innen findet außerhalb der Schule statt (ab Jahrgang 5/6)« (ebd., 153/154)

Informationen
www.lernen-durch-engagement.de
www.servicelearning.de

3.14 Förderprogramme und Ausschreibungen

3.14.1 Das Förderprogramm Demokratisch Handeln

»Demokratisch Handeln« ist ein seit 1989 existierender jährlicher Schul- und Schülerwettbewerb, der vor allem zum Ziel hat, demokratische Initiativen innerhalb und außerhalb von Schulen zu fördern und die Preisträger in einen Austausch untereinander, aber auch mit Experten aus Pädagogik und Politik zu bringen. Ganz praktisch erfolgt das in der Form, dass teilweise einzelne Schüler:innen, in der Regel aber Kleingruppen oder Klassen Projekte demokratischen Handelns bis Ende November eines Jahres einreichen. Die Mitarbeiter:innen sichten die Anträge, sortieren sie nach Themengebieten und erstellen zu jedem der Projekte eine Kurzfassung. Eine Jury beurteilt nach transparenten Kriterien die eingereichten Projekte und gibt eine Empfehlung ab, ob jeweils drei bis vier Vertreter:innen der Schule (eine Erwachsene sowie Kinder oder Jugendliche) zu einer Lernstatt Demokratie eingeladen wer-

3.14 Förderprogramme und Ausschreibungen

den oder ob sie Ihren Antrag mit entsprechenden Hinweisen für das Folgejahr noch einmal einreichen sollen oder ob das Projekt abgelehnt wird. Alle Projekte können sich von einer Regionalberatung beraten lassen.

Neben der bundesweiten 3 bis 4-tägigen Lernstatt, die in der Regel an wechselnden Orten stattfindet, gibt es in einigen Bundesländern regionale Lernstätten, zu denen alle Projekte aus dem Bundesland ggf. auch aus den Vorjahren eingeladen werden. Hierbei handelt es sich meist um eintägige Veranstaltungen.

Die Themenfelder, denen sich die einzelnen Projekte zuordnen lassen, sind »Geschichte & Erinnern«, »Kommune & Lokales«, »Schule & Lernen«, »Welt & Umwelt« sowie »Zusammenleben und Inklusion«. Die Bandbreite der Projekte besteht insofern aus historisch-politischen Projekten, unmittelbarem Eingreifen in (lokale) Politik, in Aktionen gegen Rassismus und Antisemitismus in der Schule, aus Naturschutzprojekten mit lokalen Partnern sowie Integrationsprojekten. Dabei kommen unterschiedliche methodische Ideen wie Theateraufführungen, Kunstaktionen, Ausstellungen und öffentlichkeitswirksame Veranstaltungen zum Einsatz.

Die Projekte werden auf der Grundlage von neun Kriterien beurteilt:

1. der demokratisch-politischen Thematik,
2. der Schülerbeteiligung in Hinblick auf Zielsetzung, Planung und Durchführung,
3. der praktischen Tätigkeits- und Erfahrungsmöglichkeiten in Hinblick auf politische Mitwirkung,
4. den Auswirkungen auf den Schulalltag,
5. dem Realitätsbezug,
6. den Formen des demokratischen Umgangs,
7. den Ergebnissen sowie den Folgen und der Wirkung auf die Öffentlichkeit,
8. dem Beitrag zum Verstehen von Demokratie, Gesellschaft und Politik,
9. dem Aufforderungscharakter für andere.

Projekte können im Unterricht, in Arbeitsgemeinschaften oder Projektwochen entstehen und umgesetzt werden, durch die SV angestoßen werden oder in Zusammenarbeit zwischen Schule und Gemeinde erfolgen, um demokratische Verantwortung zu übernehmen. Wichtig ist auch, ob die Projekte langfristig angelegt sind und so zu einer Entwicklung von Schulkultur beitragen.

> **Informationen**
> www.demokratisch-handeln.de

3.14.2 Der Deutsche Schulpreis

Beim Deutschen Schulpreis, der insbesondere von der Bosch-Stiftung gefördert wird, handelt es sich um einen jährlich ausgeschriebenen Schulwettbewerb, der sich an sechs Qualitätskriterien orientiert:

1. Leistung
2. Umgang mit Vielfalt
3. Unterrichtsqualität
4. Verantwortung
5. Schulleben
6. Schule als lernende Institution.

Beim Kriterium der »Verantwortung« sind demokratiepädagogische Aspekte bedeutsam. Dieser Qualitätsbereich zielt auf eine innovative und gehaltvolle Ausgestaltung aller Aspekte schulischer Praxis und die zugehörige Engagementbereitschaft aller an der Schule Beteiligten.
 Es geht um

- die pädagogischen Formen und Praxen des achtungsvollen Umgangs,

- die Bearbeitung von gemeinsamen Zielen und möglichen Konflikten,
- die Mitwirkung und das demokratische Engagement im Unterricht, in der Schule und über die Schule hinaus.

»Verantwortung« betont die grundlegende pädagogische Dimension der Zukunft. Das konkretisiert sich in der Bereitschaft

- zum Lernen durch Engagement
- zur demokratischen Mitgestaltung der Schule und ihrer Praxis von Lernen und Leben durch die Lernenden, aber auch durch deren Eltern und vor allem durch die Lehrenden.

Die Schulen, die sich beim Deutschen Schulpreis bewerben und als beste ausgewählt werden, können mit einem hohen Preisgeld rechnen. Darüber hinaus gibt es Unterstützung in regionalen Gruppen, wechselseitige Hospitationen, bundesweite Best-Practice-Kongresse und somit die Möglichkeit, voneinander zu lernen und so produktiv die eigene Schule weiter zu entwickeln.

Informationen
www.deutscher-schulpreis.de

4

Unterstützungsangebote

Im Folgenden werden zu ausgewählten Themen Unterstützungsangebote und Materialien präsentiert, um bezogen auf die in Kapitel 1 beschriebenen Phänomene reagieren zu können.

4.1 Corona-Pandemie sowie Verschwörungsideologien

Auch wenn die Corona-Pandemie durch Impfungen zurückgedrängt werden kann, wird sie noch lange unser Leben beeinflussen. Das hessische Projekt »Zusammenleben neu gestalten« der DeGeDe LV Hessen hat ein Unterstützungspaket zum Thema zusammengestellt. Dabei wurden grundsätzliche Überlegungen angestellt und praktische Vorschläge erarbeitet (▶ Kap. 5.5.). Zentral ist dabei, sich auf die Grund-, Kinder- und Menschenrechte zu beziehen und deren Relevanz bewusst zu machen. Ein subjektorientierter Zugang ist dabei von zentraler Bedeutung. Die Broschüre setzt sich intensiv mit den (verfassungs-)rechtlichen Grundlagen auseinander und es wird das Thema Beteiligung und Mitwirkung in den Blick genommen. Ferner geht es um Verschwörungsideologien, Rassismus, das Verhältnis von Mensch und Natur unter den Bedingungen des globalisierten Kapitalismus sowie um das Menschenrecht auf Gesundheit und Gesundheitsversorgung.

Zusammenleben neu-gestalten (2021), Die Corona-Krise als Herausforderung für Demokratie- und Menschenrechtsbildung – Angebote für Multiplikator*innen in der (politischen Bildungs-)Arbeit mit Kindern und Jugendlichen, Frankfurt/M.

Bezug: Zusammenleben neu gestalten
Löwengasse 27 Haus B
60385 Frankfurt

Link zum Herunterladen der Broschüre: https://www.degede.de/wp-content/uploads/2021/01/zng-broschuere-corona-demokratie-menschenrechte-bildungspaket.pdf

Ferner gibt es Materialien des Vereins Makista

Makista e. V. (2020): Jetzt erst recht. Kinderrechte umsetzen trotz in der Pandemie. Impulse und Methoden für die pädagogische Praxis. Frankfurt
Link: www.makista.de
(Download oder Bestellung sind möglich)

Das Zentrum für Gesellschaftliche Verantwortung der Ev. Kirche in Hessen und Nassau hat eine Broschüre mit dem Titel: »Verschwörungsideologien!? Was man dagegen tun kann« herausgebracht. In der Corona-Pandemie sind Verschwörungsideologien besonders in den Fokus der Öffentlichkeit geraten. Im Internet, auf der Straße, im Freundes-, Familien- und Bekanntenkreis begegnen sie einem vielfach. Eine neue Broschüre der evangelischen Zentren Oekumene (Frankfurt) und Gesellschaftliche Verantwortung (Mainz) gibt nun praktische Tipps zum Umgang mit Verschwörungsideologien, zeigt Hintergründe und theologische Perspektiven auf und trägt dazu bei, in der aufgeheizten Debatte sprach- und handlungsfähig zu bleiben. Die Broschüre kann direkt als pdf heruntergeladen werden

https://www.zgv.info/fileadmin/Daten/News_Downloads_2015/2021_02_19_Verschwoerungsideologien-final.pdf

4.2 Antisemitismus

Bundesweit gibt es Arbeitsstellen, die Materialien zum Thema Antisemitismus und Hilfestellungen bei antisemitischer Gewalt bieten.

Zentrale Wohlfahrtsstelle der Juden in Deutschland e. V. und der Verein OFEK e. V., beide in Berlin
https://zwst.org
E-Mail-Kontakt: info@zwst-kompetenzzentrum.de

OFEK e. V. ist ein gemeinnütziger Verein und eine Beratungsstelle bei antisemitischer Gewalt und Diskriminierung mit Sitz

in Berlin und bundesweiter Ausrichtung. OFEK entstand 2017 als Reaktion auf den sichtbar werdenden Antisemitismus und den zunehmenden Bedarf an Beratung, die auf Antisemitismus spezialisiert ist.
https://ofek-beratung.de/about

Mit Antisemitismus im Netz beschäftigt sich Jugendschutz Mainz mit dem Antisemitismusreport

online: www.Jugendschutz.net

Ferner gibt es seit Januar 2015 beim Verein für Demokratische Kultur in Berlin (VDK) e. V. die Recherche- und Informationsstelle Antisemitismus Berlin (RIAS Berlin). Zusammen mit jüdischen und nichtjüdischen Organisationen hat RIAS Berlin ein berlinweites Meldenetzwerk für antisemitische Vorfälle aufgebaut.

»RIAS Berlin ist parteilich und orientiert sich an den Bedürfnissen und Wahrnehmungen der Betroffenen, ihrer Angehörigen oder den Zeug:innen eines Vorfalls. RIAS Berlin erfasst auch Vorfälle, die nicht angezeigt wurden oder keinen Straftatbestand erfüllen, veröffentlicht diese auf Wunsch der Betroffenen und vermittelt kompetente psychosoziale, juristische, Antidiskriminierungs-, Opfer- oder Prozessberatung. RIAS Berlin ermöglicht Betroffenen und Zeug:innen, die Stärken der Zivilgesellschaft für ihre konkrete Situation zu nutzen: Auf ihren Wunsch hin kann die Zivilgesellschaft die Behörden oder politische und mediale Akteur:innen auf ihre Perspektive aufmerksam machen und Solidarisierungsprozesse anstoßen.

Zentrales Prinzip der Arbeit von RIAS Berlin ist der Vertrauensschutz: Die Betroffenen entscheiden, wie mit ihrer Meldung umgegangen werden soll« (www.report-antisemitism.de).

4 Unterstützungsangebote

> Recherche- und Informationsstelle Antisemitismus Berlin (RIAS Berlin)
> E-Mail Adresse: info@report-antisemitism.de

In Hessen wird derzeit eine Arbeitsstelle Antisemitismus beim Demokratiezentrum Hessen aufgebaut.

> Kontakt: Demokratiezentrum Hessen
> c/o Universität Marburg
> Wilhelm-Röpke-Str. 6 A
> 35032 Marburg
> Tel.: 06421/28 21 110;
> Email: kontakt@beratungsnetzwerk-hessen.de

Umfangreiche Materialien zum Thema Antisemitismus in der Schule finden sich bei:

> Bernstein, Julia (2020): Antisemitismus an Schulen in Deutschland. Befunde – Analysen – Handlungsoptionen. Weinheim – Basel.
> Zum Buch gehören auch Online-Materialien, so ein umfangreicher Fragenkatalog mit Auflösungen.

Die NS-Dokumentationsstelle der Stadt Köln stellt auch Materialien zur Verfügung

> https://www.stopantisemitismus.de

Hier finden Sie 35 Zitate aus dem deutschen Alltag – einige sind offen antisemitisch, andere versteckt. Hinter jedem Zitat finden Sie erklärt, was daran problematisch ist, wie Sie reagieren können und wer Sie dabei unterstützt.

www.nsdok.de/mhochzwei

Zwei neuere Publikationen zum Thema sind:

Killguss, Hans-Peter/Meier, Marcus/Werner Sebastian (2020): Bildungsarbeit gegen Antisemitismus. Grundlagen, Methoden & Übungen, Frankfurt am Main

In diesem Buch werden 18 pädagogische Methoden vorgestellt. Die notwendigen Arbeitsmaterialien zur Durchführung der Methoden befinden sich auf der Website des Wochenschau-Verlags Frankfurt (für die Besitzer des Buches).

Christa Kaletsch/Manuel Glittenberg (2021): Antisemitismus an Schulen – erkennen und handeln. Empfehlungen für eine demokratische Schulkultur, Frankfurt/Main

Film zum Thema: Unwort (2020), ZDF Mediathek

In Kapitel 5.5 (▶ Kap. 5.5) gibt es Beispiele für Dilemma-Dialoge

4.3 Antiziganismus

In Deutschland gibt es in den meisten Bundesländern Landesverbände des Verbands der Sinti und Roma. Auf den Homepages können Materialien eingesehen und bestellt werden. Häufig werden Ausstellungen und Fortbildungen angeboten.

Hier der Kontakt zum Landesverband Berlin. Weitere Landesverbände können im Internet gefunden werden: https://www.sinti-roma-berlin.de

Der hessische Landesverband hat gemeinsam mit dem Kultusministerium eine Handreichung für Lehrkräfte herausgegeben:

https://kultusministerium.hessen.de/presse/infomaterial/9/sinti-und-roma-deutschland-und-die-rolle-des-antiziganismus

Der Dachverband ist der Zentralrat Deutscher Sinti und Roma in Heidelberg https://zentralrat.sintiundroma.de/

4.4 Beratungsstellen Rassismus in Schulen

In Berlin gibt es seit 2016 »ADAS – Anlaufstelle für Diskriminierungsschutz an Schulen«. Sie ist eine unabhängige Beratungsstelle für Schüler:innen, Eltern, Lehrkräfte und Schulbeschäftige aller Berliner Bezirke, die an Schulen diskriminiert wurden.

ADAS – Anlaufstelle für Diskriminierungsschutz an Schulen
Hotline: 0800 724 50 67
www.adas-berlin.de

Response ist eine Beratungsstelle für Betroffene von rechter, rassistischer und antisemitischer Gewalt mit Büros in Frankfurt und Kassel. Sie ist Teil der »Bildungsstätte Anne Frank« in Frankfurt.

www.response-hessen.de

In Hamburg gibt es »empower« Beratungsstelle für Betroffene rechter, rassistischer und antisemitischer Gewalt.

Empower
Besenbinderhof 60
20097 Hamburg
Telefon: (040) 284016-67
empower@hamburg.arbeitundleben.de

Ferner gibt es dort ein Beratungsteam Menschenrechts- und Demokratiefeindlichkeit am Landesinstitut

Tel.: (040) 42 88 42-560/564
beratung.mdf@li-hamburg.de

Literatur: Eva Georg (2021): Haltung zeigen – Reagieren auf Diskriminierung, Rechtspopulismus und Rassismus in der Schule, Frankfurt

4.5 Hass im Netz

Die zunehmende Verbreitung von Hass und Hetze hat in Hessen dazu geführt, im Hessischen Innenministerium in der Abteilung Cyber- und IT-Sicherheit eine Meldestelle einzurichten.

Internet: http://www.hessengegenhetze.de
E-Mail: mail@hessengegenhetze.de
Tel.: 0611 3539977

4 Unterstützungsangebote

LOVE-Storm ist eine Initiative, die sich gegen Hass im Netz engagiert. Sie wird im Rahmen des Bundesprogramms »Demokratie leben« und von »Aktion Mensch« gefördert.

»LOVE-Storm ist eine Trainings- und Aktionsplattform gegen Hass im Netz.

Sie hat drei Hauptfunktionen:

1. Interessierte lernen und trainieren, wie sie Hassreden effektiv entgegentreten.
2. Über ein Alarmsystem können Hassvorfälle unkompliziert gemeldet werden.
3. Aktive vernetzen sich auf der Plattform und nehmen gemeinsam an Gegenrede-Aktionen (Love-Storms) teil« (Projektflyer).

LOVE-storm
Internet: www.love-storm.de.

4.6 Rechtsextremismus

Bundesweit gibt es mobile Beratungsteams gegen Rechtsextremismus (MBT); meist sind sie an die *Landes-Demokratiezentren* angegliedert.

Das beratungsNetzwerk hessen ist über folgenden Kontakt zu erreichen:

beratungsNetzwerk hessen
kontakt@beratungsnetzwerk-hessen.de

Es gibt zwei Außenstellen in Nord- und Südhessen. Eine neue Außenstelle wird es künftig in Osthessen geben. Ca. 1/3 der Anfragen kommen aus Schulen.

An das Beratungsnetzwerk angegliedert ist das Projekt »Rote Linie« – ein Aussteigerprogramm für Rechtsextreme.

Mobiles Beratungsteam gegen Rechtsextremismus in Hamburg

Mobiles Beratungsteam (MBT)
Telefon: 040 284016-202
Email: mbt@hamburg.arbeitundleben.de

Ausführliche Hinweise zum Umgang mit dem Thema finden sich u. a. in dem Buch von Michael May und Gudrun Heinrich (2019): Rechtsextremismus pädagogisch begegnen. Stuttgart

4.7 Islamistischer Extremismus

Die Vereine UFUQ und Violence Prevention Network (VPN) bieten im Themenfeld Unterstützung für Betroffene an.

Ufuq e. V. ist ein anerkannter Träger der freien Jugendhilfe und in der politischen Bildung und der Prävention zu den Themen Islam, Islamfeindlichkeit und Islamismus aktiv. Mit seinen Angeboten richtet er sich an Pädagogen, Lehrkräfte und Mitarbeiterinnen von Behörden. Ufuq ist arabisch und bedeutet »Horizont«. Sein Hauptsitz ist in Berlin mit einer Nebenstelle in Bayern (Augsburg).

4 Unterstützungsangebote

Ufuq
www.ufuq.de

Violence Prevention Network (VPN) bietet Unterstützung zu den Themen Prävention, Intervention und Deradikalisierung an. Dies erfolgt durch Beratung, Fortbildung, Präventions-Workshops, Deradikalisierung im Strafvollzug, Distanzierungs- und Ausstiegsbegleitung sowie Forschung und Entwicklung. Für Schulen werden insbesondere Präventions-Workshops angeboten.

VPN hat Arbeitsstellen in acht Bundesländern: Baden-Württemberg, Bayern, Berlin, Brandenburg, Hessen, Niedersachsen, Sachsen und Thüringen.

Die Beratungsstelle in Hessen hat eine Broschüre »Den Extremismus entzaubern – ein Methodenhandbuch zur präventiven politischen Bildungsarbeit mit jungen Menschen« herausgegeben.

Violence Prevention Network (VPN)
www.violence-prevention-network.de

Ausführlich hat sich Kurt Edler mit dem »Islamismus als pädagogische Herausforderung« auseinandergesetzt und verschiedene Aspekte und Gegenstrategien beschrieben. Kurt Edler (2015): Islamismus als pädagogische Herausforderung (Brennpunkt Schule). Stuttgart.

4.8 Gewaltprävention/Mobbing-Intervention

Programme zur Gewaltprävention gibt es in allen Bundesländern. Eine besondere und damit nachhaltige Unterstützung erfahren sie insbesondere in drei Bundesländern.

In Baden-Württemberg ist als Folge des Amoklaufs in Winnenden das Projekt »Stark-Stärker-Wir« entstanden, das durch Fortbildungen und Beratungen wirkt. Teams sind in allen Schulabteilungen der vier Regierungsbezirke vertreten.

Das Rahmenkonzept *stark.stärker.WIR.* stellt die vielfältigen Aktivitäten im Bereich der Prävention und Gesundheitsförderung an Schulen in Baden-Württemberg in einen größeren Zusammenhang. Auf der Grundlage der Präventions- und Gesundheitsforschung schafft es Rahmenbedingungen und Strukturen und stellt Hilfen für eine gelingende Präventionsarbeit an Schulen im Land zur Verfügung. Dabei sollen die bereits bestehenden Konzepte und Programme gewürdigt, weiterer Handlungsbedarf erkannt und ggf. ergänzende Aktivitäten in einem schulspezifischen Präventionskonzept verankert werden.

stark.stärker.WIR.
http://praevention-in-der-schule-bw.de/,Lde_DE/Startseite/stark_staerker_WIR_

Die Beratungsstelle Gewaltprävention in Hamburg hat die Aufgabe, Beratung und Unterstützung bei allen Fragen um Gewalt und Konflikte an Hamburger Schulen sowie Casemanagement zu leisten, und bietet Fortbildung für Lehrkräfte an

Beratungsstelle Gewaltprävention in Hamburg
Tel.: (040) 428 63-7020
gewaltpraevention@bsb.hamburg.de

4 Unterstützungsangebote

Im Bundesgebiet ist sie – neben dem Saarland – die einzige Stelle, die mit festem und unbefristet beschäftigtem Personal arbeitet.

In Hessen bietet das Projekt »Gewaltprävention und Demokratielernen« – GuD, das beim Hessischen Kultusministerium angesiedelt ist, sowohl Beratung als auch ein sehr umfangreiches Fortbildungsprogramm an. Durch die Prozessentwicklungsgruppen (▶ Kap. 2.6.2.) gibt es eine Struktur nachhaltiger gewaltpräventiver und demokratiepädagogischer Schulentwicklung.

> Gewaltprävention und Demokratielernen
> Internet: www.gud.bildung.hessen.de

In weiteren Bundesländern gibt es gute Ansätze.

In den Ländern Berlin und Brandenburg wurde ein Orientierungs- und Handlungsrahmen für das übergreifende Thema Gewaltprävention erarbeitet. Er kann über die Landeskommission Berlin gegen Gewalt bezogen werden.

> Orientierungs- und Handlungsrahmen für das übergreifende Thema Gewaltprävention
> www.berlin.de/lb/lkbgg

In Rheinland-Pfalz gibt es ein großes Netzwerk demokratiepädagogischer Schulen, die sich auch im Sinne von Gewaltprävention engagieren.

> Kontakt über: Ministerium für Bildung Rheinland-Pfalz, Referat u. a. für Demokratiebildung, Gewalt- und Extremismusprävention – Katja.Bewersdorf@bm.rlp.de

Im Saaland gibt es ein eigenes Landesinstitut für Präventives Handeln:

4.8 Gewaltprävention/Mobbing-Intervention

Landesinstitut für Präventives Handeln
https://lph.saarland.de/DE/home/home_node.html

Hier folgt eine Übersicht von möglichen Institutionen, die sich mit Gewaltprävention in allen 16 Bundesländern beschäftigen. Die Kontakte sind über das Internet zu ermitteln.

Baden-Württemberg	Zentrum für Schulqualität und Lehrerbildung
Bayern	Akademie für Lehrerfortbildung
Berlin	Landeskommission gegen Gewalt beim Senator für Inneres
Brandenburg	Regionale Arbeitsstellen für Bildung, Integration und Demokratie
Bremen	Landesinstitut für Schule
Hamburg	Beratungsstelle Prävention
Hessen	Projekt »Gewaltprävention und Demokratielernen« beim HKM
Mecklenburg-Vorpommern	Institut für Qualitätsentwicklung
Niedersachsen	Niedersächsische Landesschulbehörde
Nordrhein-Westfalen	Landespräventionsstelle gegen Gewalt
Rheinland-Pfalz	Pädagogisches Landesinstitut
Saarland	Landesinstitut für Präventives Handeln
Sachsen	Landesamt für Schule und Bildung
Sachsen-Anhalt	Landesschulamt Sachsen-Anhalt
Schleswig-Holstein	Institut für Qualitätsentwicklung
Thüringen	Thüringer Institut für Lehrerfortbildung, Lehrplanentwicklung, Medien

Das Deutsche Forum Kriminalprävention (DFK), das vom Bundesministerium für Justiz und Verbraucherschutz gefördert wird, engagiert sich an verschiedenen Stellen im Sinne der Gewaltprävention. U. a. initiierte es das Programm PARTS (Präventionsprogramm zur Förderung von Akzeptanz, Respekt, Toleranz & Sozialer Kompetenz). Es ist ein vom DFK gefördertes und evaluiertes Programm zur Vorurteilsprävention in Grundschulen.

Ferner organisiert das DFK einen jährlichen Qualitätszirkel, an dem Vertretungen aus allen Bundesländern teilnehmen, die für das Thema Gewaltprävention verantwortlich sind.

Deutsche Forum Kriminalprävention (DFK)
www.kriminalpraevention.de

Eine recht wirksame Methode, um gegen Mobbing vorzugehen, ist der sog. »No-Blame-Approach«. Im Zentrum steht im Mobbing-Fall die Einrichtung einer Unterstützergruppe, die dem Opfer hilft, und der Verzicht auf Schuldzuweisungen und Sanktionen. »Der Ansatz umfasst drei einfache und übersichtliche Schritte, die in aller Regel innerhalb eines Zeitraums von 14 Tagen durchgeführt werden« und nach einer 2008 durchgeführten Evaluation in 87 % der Anwendungen zu einem nachhaltigen Ende der Mobbing-Aktionen führen (Blum/Beck 2011, 131). Die drei Schritte umfassen: 1. Ein Gespräch mit dem Mobbing-Betroffenen, 2. Die Bildung einer Unterstützungsgruppe für das Mobbing-Opfer und 3. Einzel-Nachgespräche mit den von Mobbing Betroffenen und den Mitgliedern der Unterstützergruppe (ebd., 134–138).

In einzelnen Bundesländern wie Niedersachsen und Hessen werden Mobbinginterventionsteams ausgebildet, die Schulen in Mobbingfällen unterstützen.

Zum Thema Mobbing gibt es mittlerweile eine Fülle von Materialien sowie Strategien des Umgangs damit (vgl. Schubarth 2020, 175 ff. und Wachs u. a. 2016, 99 ff).

4.9 Medienkompetenz und Umgang mit Cybermobbing

Neben Informationen über die Seite www.klicksafe.de gibt es das erfolgreiche Peer-to-Peer-Projekt der »Digitalen Helden« (www.digitale-helden.de). Dabei werden ältere Jugendliche fortgebildet, um jüngeren Schülerinnen und Schülern wesentliche Informationen bezüglich der Vorteile und der Gefahren im Internet nahezubringen. Die Erfahrung zeigt, dass Informationen von Peers besser aufgegriffen werden – zumal, wenn sie mit eigenen Erfahrungen hinterlegt sind –, als wenn sie von Erwachsenen kommen. Das Projekt »Digitale Helden« bietet hierzu entsprechende Fortbildungen an. Ferner gibt es auch einen »Online-Kurs: Mit Respekt im Klassenchat«. Auf https://akademie.digitale-helden.de/kurs/klassenchatx0201C findet man einen kostenfreien Online-Kurs für die Arbeit mit der Klasse. Dort werden Themen wie Rauswürfe, Beleidigungen, unerwünschte Fotos, Kettenbriefe etc. jugendgemäß behandelt. Der Kurs dauert entweder zwei Schulstunden oder einen Tag (Grund 2020, 35).

4.10. Sexuelle Gewalt

In vielen Bundesländern gibt es spezielle Programme gegen sexuelle Gewalt in Schulen. Unterstützt werden diese vom Unabhängigen Beauftragten für Fragen des sexuellen Kindesmissbrauchs (UBSKM) Johannes-Wilhelm Rörig. Auf der Homepage gibt es ein eigenes Fachportal »Schule gegen sexuelle Gewalt«. Schutzkonzepte spielen dabei eine wichtige Rolle.

Unabhängiger Beauftragter für Fragen des sexuellen Kindesmissbrauchs (UBSKM)
Internet: https://beauftragter-missbrauch.de

4.11. Globalisierung

Nicht erst durch die Klimakrise wird das Thema Globalisierung einen immer größeren Raum einnehmen. In diesem Zusammenhang haben 2015 die Vereinten Nationen (UN) 17 Ziele vorgestellt. Bis 2030 sollen sie erreicht werden. Man nennt sie nachhaltige Entwicklungsziele, Global Goals oder Sustainable Development Goals.

www.globalcitizen.org/de/content/nachhaltige-entwicklungsziele

Aufgegriffen werden diese Ziele im Konzept der Global Citizenship Education (s. Wintersteiner 2021b). Die Klimaziele werden vor allen Dingen durch die Bewegung Fridays for future verfolgt.

4.12. Demokratiebildung in der Lehrkräftebildung

Sowohl in der Ausbildung als auch in der Fortbildung von Lehrkräften ist die Systematik und der Umfang zum Thema Demokratiebildung sehr unterschiedlich. Meist ist das Thema nicht verbindlicher Bestandteil für alle in der 1. und 2. Phase der Lehrkräfteausbildung. Im Bundesland Berlin ist das Thema fester Bestandteil der 2. Phase.

Auch in Bezug auf die Fortbildung der Lehrkräfte in der 3. Phase ist das Angebot sehr unterschiedlich. Einen genauen Überblick über die Angebote in den einzelnen Bundesländern und eine grundsätzliche Beschreibung dazu findet sich in der Expertise von Regina Piontek und Helmolt Rademacher »Demokratiebildung in der dritten Phase der Lehrkräftebildung«

> https://www.dji.de/ueber-uns/projekte/projekte/geschaeftsfuehrung-16-kinder-und-jugendbericht/expertisen.html
>
> Literaturhinweis zum Thema:
> Gloe, Markus/Rademacher, Helmolt (Hrsg.) (2019): Demokratische Schule als Beruf. 6 Jahrbuch Demokratiepädagogik. Frankfurt

4.13 Bundesweite Strukturen Demokratielernen

Demokratie leben

Nach verschiedenen rechtsextremen und antisemitischen Anschlägen und Ereignissen wurde im Jahr 2019 nach verschiedenen Vorläufern das Programm »Demokratie leben« installiert. Mit diesem werden u. a. die Demokratiezentren, an denen meist die Mobilen Beratungen gegen Rechtsextremismus angedockt sind, die Lokalen Partnerschaften für Demokratie und verschiedene Modellprojekte finanziert.

»Demokratie fördern. Vielfalt gestalten. Extremismus vorbeugen« – das sind die Kernziele des Bundesprogramms »Demokratie leben!«. Dieser inhaltliche Dreiklang ist handlungsleitend.

Es ist bisher allerdings noch nicht gelungen – obwohl es angestrebt war –, ein Demokratiefördergesetz durch die Bundesregierung auf den Weg zu bringen und durch das Parlament zu verabschieden.

Demokratie leben
www.demokratie-leben.de

Zusammenhalt durch Teilhabe (ZdT)

Das Bundesprogramm »Zusammenhalt durch Teilhabe« des Bundesministeriums des Innern, für Bau und Heimat (BMI) fördert in ländlichen und strukturschwachen Gegenden Projekte für demokratische Teilhabe und gegen Extremismus. Im Mittelpunkt stehen regional verankerte Vereine und Verbände mit vielen ehrenamtlich Engagierten. »Zusammenhalt durch Teilhabe« will aufmerksame und respektierte Demokratieberater/-innen vor Ort ausbilden und stärken.

Zusammenhalt durch Teilhabe
https://www.zusammenhalt-durch-teilhabe.de

Die Bundeszentrale für politische Bildung hat ein umfangreiches Programm zur Demokratieförderung aufgestellt. Es gibt eine große Zahl von Veranstaltungen und eine umfangreiche Publikationsliste.

Bundeszentrale für politische Bildung
www.bpb.de

4.14 Deutsche Gesellschaft für Demokratiepädagogik (DeGeDe) und Makista

Die Deutsche Gesellschaft für Demokratiepädagogik (DeGeDe) wurde im Jahr 2005 im Zusammenhang mit dem BLK-Programm »Demokratie lernen und leben« gegründet. Ein wesentlicher Grund war der, dass es nach dem BLK-Programm keine anschließende Implementierungsphase gab, wie sonst bei solchen Programmen üblich. Die Zielsetzung der DeGeDe wurde im Magdeburger Manifest formuliert (▶ Anhang).

Die DeGeDe hat ihre Geschäftsstelle in Berlin. An regionalen Strukturen gibt es Landesverbände in Berlin-Brandenburg, Hessen, Mecklenburg-Vorpommern, Nordrhein-Westfalen, Rheinland-Pfalz und dem Saarland. Die Hauptaktivitäten bestehen in (zwei-) jährlichen Demokratietagen in einzelnen Bundesländern (Hessen, NRW, Rheinland-Pfalz), einem teils jährlichen bundesweiten Demokratiepreis für Schulen und einer Klassenratskampagne (Berlin). Ferner hat die DeGeDe einen Merkmalskatalog »Demokratische Schulentwicklung« und ein ABC des Demokratielernens herausgegeben und ist am Masterstudiengang Demokratiepädagogik der FU Berlin beteiligt, hat den MOOC »Citizenship Education« mit entwickelt und hat ein Bündnis »Bildung für eine demokratische Gesellschaft« gegründet. Einzelne Landesverbände haben ebenfalls Bündnisse zur Demokratiebildung gegründet (Rheinland-Pfalz »Demokratie gewinnt«, Hessen »Demokratiebildung nachhaltig gestalten«; in Berlin ist ein Bündnis in Gründung). In Hessen gibt es das Projekt »Zusammenleben neu gestalten«.

Deutsche Gesellschaft für Demokratiepädagogik
Internet: http://www.degede.de
E-Mail: info@degede.de

Makista (Macht Kinder stark) ist ein Verein mit Sitz in Frankfurt, der sich insbesondere um die Verbreitung und Umsetzung der Kinderrechte bemüht.

Macht Kinder stark
www.makista.de

4.15. MOOC (Massive Open Online Course Demokratiebildung)

Ein sogenannter Massive Open Online Course (MOOC) mit dem Titel »Citizenship Education« wurde vom Lehrstuhl für Politikwissenschaft in Hannover initiiert und in einem mehrjährigen Prozess gemeinsam mit der Bertelsmann-Stiftung realisiert. Der MOOC umfasst kurze einführende sowie vertiefende Texte, Animationen, Interviews und kurze Lehrfilme zur Demokratiebildung. Individuelles Lernen ist ebenso möglich wie der Austausch über einzelne Module bzw. Filme oder Texte im Sinne des blended learning (d. h. Nutzung von internetbasiertem Lernen mit persönlichem Austausch in Lehrveranstaltungen). Es können sowohl einzelne Themen in den zwei Phasen der (Lehrkräfte-)Ausbildung und der Fortbildung genutzt als auch der gesamte Kurs in einer Lehrveranstaltung umgesetzt werden.

Der MOOC umfasst 9 Module mit folgenden Inhalten:

- Die herausgeforderte Zivilgesellschaft
- Der zivilgesellschaftliche und demokratische Auftrag von Schulen
- Pädagogische, psychologische und lerntheoretische Grundlagen der Engagement- und Demokratiebildung

4.15. MOOC (Massive Open Online Course Demokratiebildung)

- Zusammenleben in der diversen Gesellschaft
- Menschenrechte und Menschenrechtsbildung
- Gesellschaftliche Mitgestaltung durch Engagement und Partizipation
- Globaler und gesellschaftlicher Wandel: Orientierungswissen und Handlungskompetenzen
- Digitalisierung in einer demokratischen Gesellschaft
- Demokratische Schulentwicklung

Der MOOC ist »eine neue Bildungsmöglichkeit ..., die zu jeder Zeit im Internet erreichbar ist und verschiedene Themenebenen und theoretische Vertiefungsmöglichkeiten bietet. Oder es können Methoden reflektiert und erprobt werden, um zu sehen, wie sie eingesetzt werden können. Außerdem erhoffen wir uns, über Chats und Foren in die Kommunikation mit Lehrer/innen zu kommen, damit sie in ihrer Praxis nicht alleine sind ...« (Lange 2019, 34).

Der MOOC ist für alle über das Internet zugänglich und zwar über

Massive Open Online Course (MOOC)
https://www.bertelsmann-stiftung.de/.../projektnachrichten/mooc-citizenship-education

5

Methodenteil

In diesem Teil werden exemplarisch fünf Methoden vorgestellt, die einerseits Kommunikationskompetenzen schulen und im Bereich sozialen Lernens sowie Mediation eingesetzt werden können; andererseits werden Übungen zu Demokratiekompetenzen vorgestellt, die einen unmittelbaren Zugang zu Fragen von Rechten vermitteln und das Aushalten von widersprüchlichen Meinungen und das Beziehen eines Standpunktes ermöglichen. Die beiden letzten Übungen sind auch auf die Corona-Pandemie bezogen.

5.1 Nicht-verletzende Ärgermitteilung

Ziel: Ärger oder einen Streitpunkt so mitteilen, dass das eigene Anliegen deutlich formuliert ist, ohne die andere Seite zu verletzen; dadurch wird erreicht, dass man weiter im Kontakt bleibt und Möglichkeiten der Konfliktklärung angeboten werden können.
Zeit: 20–30 Minuten
Material: Situationskarten
Arbeitsform: Stuhlkreis im Plenum, Gespräch zu zweit

Bedeutung der Übung

In der Schule und anderen Lebensbereichen gibt es immer wieder Konflikte, die sich in Streitereien äußern und nicht zu einer produktiven Klärung führen. Insofern gilt es, Formen zu finden und einzuüben, die nicht zu einer Abwehr und weiteren Verletzung führen, sondern zu einem Verständnis. Da Konflikte zum Leben dazugehören, ist es wichtig, sie auszusprechen und nicht unter den Teppich zu kehren, damit sie auch bearbeitet bzw. gelöst werden können. Allerdings kommt es darauf an, eine Form zu wählen, die zwar klar ist, aber den anderen nicht verletzt und abwertet, damit man weiter im Gespräch bleibt. Da diese Form nicht die Regel ist, muss sie geübt werden.

Beschreibung

Alltagssituationen, die Ärger ausgelöst haben und an die man sich erinnert, werden in einem gespielten Dialog zu zweit zum Ausgangspunkt genommen. Oder die Teilnehmerinnen erhalten auf Karten notierte Situationen (z. B. einer Schülerin wird ungerechtfertigterweise der Vorwurf gemacht, sie hätte einer anderen Schülerin etwas weggenommen), die bei der Betroffenen massiven Är-

Tab. 2: Situationsbeschreibungen. Quellen: Philipp/Rademacher (2010), 81; Faller u. a. (1996), 85-86

Situationsbeschreibungen
• Jemand tritt dir in der Straßenbahn auf deine neuen Schuhe. • Du wirst Zeuge, wie ein Busfahrer einen Schwarzafrikaner angiftet, der kein passendes Kleingeld für den Fahrschein hat: »Dann geh‹ doch zurück in den Urwald!«
• Deine Sitznachbarin hat dich bei der Klassenarbeit nicht abschreiben lassen, und du hast eine schlechte Note bekommen. • Du fährst mit dem Rad. Der Radweg ist durch ein parkendes Auto versperrt; der Fahrer sitzt bei offenem Fenster im Wagen.
• Du erfährst, dass jemand in der Gruppe, an dessen Freundschaft dir liegt, zu anderen in der Gruppe sagt, dass du immer so uncool angezogen bist. • Nach dem Unterricht wird deine beste Freundin bzw. dein bester Freund rassistisch beschimpft.
• Eine Freundin hat dein letztes Geburtstagsgeschenk schon nach einer Woche einer gemeinsamen Bekannten weiterverschenkt. • Du sitzt im Unterricht an deinem Platz. Ein Mitschüler geht an deinem Tisch vorbei und wirft dabei dein Mäppchen herunter – offenbar absichtlich.
• Du reist in einem Eisenbahnabteil. Die Person dir gegenüber macht es sich bequem und zieht die Schuhe aus. Der Geruch ist unerträglich. • In der Pause auf dem Schulhof. Du gehst an einer Gruppe von Mitschülerinnen vorbei; da hörst du, wie jemand sagt: »Da geht die blöde Soundso:«

ger ausgelöst haben. Die erlebte oder notierte Situation wird im Plenum vorgetragen, und diejenige, die vorliest, sucht sich eine andere Person im Raum, der sie ihren Ärger in nicht verletzender Form vorträgt. Wichtig dabei sind Regeln wie Ich-Botschaften und sich auf den unmittelbaren Anlass zu beziehen und nicht noch andere Konflikte anzusprechen. Die angesprochene Person kann reagieren, muss aber nicht. Die Art der Ärgermitteilung wird anschließend mit allen besprochen und der vortragenden Person ein Feedback gegeben. Nun kann eine weitere Teilnehmerin Ärger konstruktiv in der Gruppe vortragen oder dies erfolgt in Paaren wechselweise und die Wirkungen werden anschließend besprochen. Dann werden im Plenum wichtige Erfahrungen ausgetauscht.

5.2 Aktives Zuhören

Ziel: Eine Person in ihren Anliegen genau verstehen, indem ich ihre Aussagen wiederhole und Gefühle spiegele
Zeit: 1–1 1/2 Stunden
Material: ggf. ein Blatt Papier und ein Stift
Arbeitsform: Gespräch zu dritt mit Rollenwechsel

Bedeutung

Aktives Zuhören ist eine Gesprächstechnik, die seit den Publikationen von Rogers weitläufig bekannt ist, aber nicht in dem Maße alltäglich angewendet wird, wie man es erwarten könnte, d. h. sie gehört nicht zum selbstverständlichen aktiven Repertoire von Menschen, die in sozialen beruflichen Zusammenhängen wie der Schule stehen. Auch wird diese Technik häufig nicht richtig angewendet, weil die entsprechende Übung in der Praxis fehlt, z. B. werden Wertungen gemacht oder es wird vergessen, die Gefühle zu spiegeln.

Beim aktiven Zuhören geht es darum, mein Gegenüber so weit wie möglich zu verstehen. In dieser Phase lasse ich meine eigene Meinung über einen Sachverhalt oder eine Person außen vor, um dem Gesprächspartner zu signalisieren: Ich bin im Dialog mit dir, konzentriere mich ganz auf dein Anliegen und nehme dich damit ernst. Damit ist meist wesentlich mehr im Hinblick auf die Lösung eines Anliegens oder eines Konfliktes gewonnen als mit den ständig verteilten und gut gemeinten Ratschlägen, die oft zwischen Tür und Angel im Lehrerzimmer geäußert werden.

Aktives Zuhören ist ein wesentliches Element im Mediationsverfahren und muss in Hinblick darauf sicher beherrscht werden. Von daher sollte es mehrmals geübt werden.

Beschreibung

Aktives Zuhören bedeutet, dass ich bei Gesprächen, in denen Menschen mit einem Konflikt oder einem emotional hoch besetzen Anliegen zu mir kommen, ganz genau zuhöre und zwar so lange, wie es mir möglich ist, das Vorgetragene zusammenzufassen. Ggf. mache ich mir auf einem Papier kurze Notizen. Nur wenn ich etwas akustisch oder inhaltlich nicht verstehe, stelle ich eine Verständnisfrage. Nach einem für mich vertretbaren Zeitraum (d. h. so lange ich noch in der Lage bin, das Gehörte aufzunehmen – etwa 3 bis 8 Minuten) unterbreche ich meinen Gesprächspartner und fasse das Gehörte mit meinen Worten möglichst neutral, d. h. ohne Wertung zusammen, etwa so: »Wenn ich Sie richtig verstanden habe, ... , ... dann haben Sie das folgende Anliegen ... oder ... ist Ihnen Folgendes wichtig ...«. Auch spiegele ich die Gefühle meines Gegenübers: »Ich höre bei Ihnen heraus, dass Sie sehr ... enttäuscht ... wütend ... irritiert sind. Ist das so?«

Meine Zusammenfassungen und die Spiegelung der Gefühle sind Angebote an mein Gegenüber, die er oder sie jederzeit korrigieren kann, es geht also nicht darum, auf Anhieb hundertprozentig das Gefühl zu erfassen, sondern möglichst in einen wirklichen Verständigungsprozess zu kommen.

Beim Üben von aktivem Zuhören im Training hat sich folgendes Vorgehen bewährt: Es werden 3er-Gruppen gebildet, die eine ¾-Stunde gemeinsam üben, wobei jeder Beteiligten 15 Minuten zur Verfügung stehen. A erzählt ca. 8 Minuten lang von einem Konflikt oder einem anderen emotional wichtigen Anliegen (dass sie

Tab. 3: Hinweise zum »Aktiven Zuhören«. Quelle: Philipp/Rademacher (2010), 75-77

Hinweise zum »Aktiven Zuhören«	
+	**−**
• Das Ziel des aktiven Zuhörens ist, dass du verstehst, worum es geht, dass du verstehst, wie sich die Sprecher:in fühlt *und* dass sich die Sprecher:in verstanden fühlt • Richte deine Aufmerksamkeit auf die Sprechende; sie bleibt im Brennpunkt • Wiederhole in deinen Worten dein Verständnis ihrer Darstellung • Achte auch auf die Körpersprache und formuliere deine Wahrnehmung der emotionalen Inhalte der Darstellung • Frage gegebenenfalls nach: ... habe ich richtig verstanden, dass ... wie berührt Sie das ... wie fühlen Sie sich nach dem Gesagten...? • Fasse an geeigneter Stelle zusammen, sei dabei so genau wie möglich; bleibe bei dem Gehörten, nimm Korrekturen und Ergänzungen auf • Wiederhole deine Rückmeldung, wenn du den Eindruck hast, es wurde nicht gut gehört • Fordere z. B. Machtlosigkeit und Hoffnungslosigkeit direkt heraus: Äußerung: »Es ist hoffnungslos.« Rückmeldung: »Es scheint so, dass es für Sie im Moment hoffnungslos ist.« • Lasse Schweigen im Gespräch zu	• Interpretiere nicht, gib keine Ratschläge, Diagnosen, Versicherung, Unterstützung oder Kritiken ab • Sprich nicht über dich selbst, gib keine Kommentare ab, mache keine Vorschläge • Verändere nicht die Themen • Erwecke nicht den Eindruck, du hättest verstanden, wenn dies nicht der Fall ist • Das Gesagte wird nicht einer Prüfung unterzogen oder irgendwie verändert • Erlaube den Beteiligten nicht, auf ein anderes Thema auszuweichen • Hüte dich vor Verstrickungen in die Gefühle deines Gegenübers • Fülle nicht jeden Leerraum mit deinem Gespräch aus

natürlich bereit ist zu erzählen). B hört aktiv zu und spiegelt danach ca. 5 Minuten lang das Gehörte und die Gefühle. C gibt am Ende der ersten Runde ca. 2 Minuten lang eine Rückmeldung an B, ob die wesentlichen Aspekte des aktiven Zuhörens (»Wurden alle wesentlichen Aussagen genannt und die Gefühle gespiegelt?«) erfüllt wurden. Danach werden die Rollen gewechselt, so dass jede einmal in jeder Rolle (Erzählerin, aktiv Zuhörende, Beobachterin) war. In einem anschließenden Plenum werden wesentliche Erfahrungen ausgetauscht (z. B. die Schwierigkeit nicht zu werten).

5.3 Glücksfrage oder von Bedürfnissen zum Grundgesetz

Ziel:	Die Teilnehmenden versichern sich der zentralen menschlichen Bedürfnisse und setzen sie in Bezug zu den Menschen- und Kinderrechten bzw. dem Grundgesetz; damit wird ein realer Bezug zu Rechtsnormen hergestellt
Zeit:	ca. 1 Stunde
Material:	Moderationskarten
Arbeitsform:	Einzel-, Partner-, Gruppenarbeit und Plenum

Bedeutung

Rechtsnormen wie die Kinder- und Menschenrechte und das Grundgesetz sind zu Beginn der Beschäftigung damit häufig abstrakt. Ihre Bedeutung kann deutlich in das Bewusstsein eines jeden Einzelnen kommen, wenn ein Bezug zu den zentralen Bedürfnissen eines jeden Einzelnen hergestellt wird.

Beschreibung

Die Übung beginnt damit, dass jede Person die folgende Frage für sich beantwortet: »Nenne fünf Aspekte/Dinge, die ein Mensch braucht, um sich gesund und glücklich fühlen zu können.« Im Sinne der Methode »Think – Pair – Share« (TPS) des Kooperativen Lernens werden dann Paare gebildet, die sich wiederum auf 5 Punkte einigen, danach werden je nach Größe der Gesamtgruppe Kleingruppen (4–8 Personen) gebildet, die sich auch wieder auf fünf Punkte einigen müssen. Im Plenum werden dann alle Punkte gesammelt und bei Bedarf um weitere Aspekte, die auch aktuelle Herausforderungen beispielsweise in der Corona-Pandemie betreffen können, ergänzt. »Die Sammlung der Aspekte lässt sich mit den Grundlagen der Menschenrechte oder den Kinderrechten verbinden ... . Dabei kann entsprechend subjektorientiert das Wissen und das Interesse der Teilnehmenden aufgegriffen, kontextualisiert und vertieft werden« (Zusammenleben 2019 b, 11). Ferner können auf dieser Grundlage unterschiedliche Lebensumstände betrachtet, gemeinsam Bedarfe ermittelt und entsprechende Handlungsoptionen erarbeitet bzw. auf entsprechende Initiativen verwiesen werden.

Eine Variante ist die Bezugnahme auf das Grundgesetz und damit die Möglichkeit, die fünf ersten Kapitel mit eigenen Bedürfnissen zu verknüpfen. Zunächst beantwortet jede Einzelne bzw. jeder Einzelne individuell die Fragen: »Was braucht ein Mensch, um glücklich zu sein und gut (mit anderen) leben zu können? Welche Werte sind mir wichtig? Notiere max. 9 Punkte.« Dann werden im Sinne von TPS Paare gebildet, die sich wiederum auf 9 Punkte einigen, danach werden je nach Größe der Gesamtgruppe Kleingruppen gebildet, die sich auch wieder auf 9 Punkte einigen müssen. Die Gruppen tragen dann ihre Ergebnisse vor. Diese werden in einer Tabelle ohne Überschriften, die sich an den fünf ersten Artikeln des Grundgesetzes orientieren (Menschenwürde, persönliche Freiheitsrechte, Gleichheit vor dem Gesetz, Glaubens- und Gewissensfreiheit sowie Meinungsfreiheit), von der Moderatorin notiert, wobei sie die genannten Bedürfnisse den fünf Artikeln zuordnet. Am Schluss wird die Frage gestellt, welche der fünf Artikel als Überschrift zu den Tabellenspalten gehören. Auch hier können nicht genannte Aspekte ergänzt werden, um den Gesamtinhalt der fünf ersten Kapitel des GG abzubilden.

5.4 Verhältnismäßigkeitsbarometer zu Corona-Maßnahmen

Ziel:	Maßnahmen von Personen, Institutionen oder des Staates auf seine Verhältnismäßigkeit hin bewerten und darüber in einen Meinungsaustausch zu kommen.
Zeit:	1 Stunde
Material:	Karten mit Prozentangaben
Arbeitsform:	Plenum, Aufstellung im Raum nach Prozentangaben

Bedeutung

Gerade in schwierigen Zeiten wie einer Pandemie gibt es sehr unterschiedliche Einschätzungen, welche Maßnahmen angemessen sind und welche nicht. Durch die Übung werden die unterschiedlichen Meinungen sichtbar und besprechbar, Abwägungen, was hilfreich sein kann und was nicht, möglich. Dadurch kommt ein produktiver Dialog in Gang, bei dem verdeutlich wird, in welche Rechte eingegriffen wird, und im Lichte dessen kann die Verhältnismäßigkeit diskutiert werden.

Die Methode kann auf andere Themengebiete, in der es auch um die Verhältnismäßigkeit von Entscheidungen geht, übertragen werden.

5.4 Verhältnismäßigkeitsbarometer zu Corona-Maßnahmen

Beschreibung

»Im Verhältnismäßigkeitsbarometer werden einzelne Situationen vorgestellt, die von den Teilnehmenden bewertet werden sollen. Dabei kommt es (zunächst) auf das subjektive Empfinden der Teilnehmenden an. Die Teilnehmenden sind auf einer Skala von 0 bis 100 Prozent dazu eingeladen, einzuschätzen, wie verhältnismäßig sie das in der Situation beschriebene Vorgehen bewerten. Null Prozent bedeutet, dass es große Bedenken gibt und vieles was dagegenspricht, 100 Prozent würde einer vollständigen Zustimmung entsprechen und der gewählte Verfahrensvorschlag wird als zielgerichtet, geeignet und angemessen betrachtet. ›Zwischentöne‹ sind denkbar und erwünscht. Es ist wichtig, die Teilnehmenden dazu einzuladen, den ganzen Raum des Barometers (alle Prozentzahlen) zu nutzen. Es kann hilfreich sein, im Verlauf immer mal wieder einzelne Kriterien der Verhältnismäßigkeitsprüfung einzubringen. Dabei kann die Moderator*in immer mal wieder daran erinnern, dass die Maßnahme geeignet sein muss, das Ziel zu erreichen. Stellt man fest, dass das angekündigte Vorgehen dem Ziel ›Verlangsamung der Ausbreitung der Pandemie‹ entgegenkommen kann, dann schließt sich die Frage an, ob es moderatere, weniger empfindlich in persönliche Rechte einschneidende Möglichkeiten geben würde. Diese sind dann immer bevorzugt zu wählen. Zentral ist darüber hinaus, das Bewusstsein dafür zu stärken, dass und in welche Rechte durch die getroffene Maßnahme eingegriffen wird. Das Augenmerk darauf zu lenken, kann in einer zweiten Phase und/oder auch in einer tiefergehenden Beschäftigung mit dem im Barometer aufgeworfenen Fragestellungen zielführend sein. Entscheidend in diesem Zusammenhang ist, dass es auch denkbar ist, dass man zu dem Ergebnis kommt, dass der Eingriff zwar geeignet erscheint, das Ziel zu erreichen, seine Wirkung aber im Verhältnis zu der Verletzung eines anderen wichtigen (Rechts-)Guts als zu einschneidend betrachtet und dadurch als unangemessen zurückzuweisen ist. Kommt man zu diesem Ergebnis, sind 0 Prozent der geeignete Standpunkt.

Damit sich die Teilnehmenden mit einer gewissen Leichtigkeit in der Barometer-Übung bewegen können, sollte nicht zu stark auf den Verhältnismäßigkeitskriterien bestanden werden. Sie können von der Moderator*in ein- oder zweimal erwähnt und auch exemplarisch durchdekliniert werden. Der Schwerpunkt der Moderation sollte aber in der Perspektiverweiterung der Teilnehmenden liegen, und es ist in jedem Fall sehr gewinnbringend, wenn die Bewertungen sehr unterschiedlich und vielfältig ausfallen und eine Atmosphäre entsteht, in der die Teilnehmenden sich gegenseitig an ihren Überlegungen teilhaben lassen. Dies kann dadurch gefördert werden, dass die Moderation verdeutlicht, dass alle Standpunkte und Bewertungen willkommen sind, es dabei kein richtig und falsch gibt und die Aussagen unkommentiert stehen bleiben können. In einer solchen Atmosphäre können die Teilnehmenden eine ›innere Neuorganisation‹ ... erleben und ihre Haltungen überdenken. Nicht selten verändern Teilnehmende Standorte/-punkte, wenn sie die Erläuterungen der anderen hören und dadurch auf Aspekte aufmerksam gemacht wurden, die sie zuvor nicht bedacht hatten.

Eine zentrale Zielsetzung der Übung ist die Förderung der inneren Beteiligung, die die Teilnehmenden dazu anregen kann, einzelne Aspekte vertiefend zu betrachten. Nicht selten benennen Teilnehmende ein entstandenes Interesse an einzelnen Entscheidungen und Regelungen und sind motiviert, manche der kurzen Sachverhalte tiefergehend zu betrachten. In diesen Fällen bietet sich eine Auseinandersetzung mit den der Situation zugrunde liegenden Grund-, Kinder- und Menschenrechtsartikeln an, um sich in einer fundierteren Verhältnismäßigkeitsprüfung zu probieren. Vertiefende Hintergrundlektüren, in denen zivilgesellschaftliche Expertisen, die sich für die Wahrnehmung gefährdeter oder minorisierter Positionen stark machen oder zukunftsrelevante Ideen und Konzepte entwickelt haben, können sich hier anschließen.

Beispiele für die Beurteilung der Verhältnismäßigkeit von Entscheidungen:

- Ein achtjähriges Kind, das von seiner Familie isoliert in einem Zimmer bleiben muss, weil es Kontakt zu einer positiv auf Corona getesteten Person hatte.
- Arbeitnehmer*innen, die ihrem Betrieb mitteilein müssen, wie sie ihren Urlaub verbringen möchten.
- In Kirchen wird das Singen verboten.
- Baumärkte, die von Ladenschließungen ausgenommen werden.
- Die Stadtpolizei/das Ordnungsamt überprüft, ob in Wohnungen private Parties gefeiert werden und dabei die zulässige Zahl der Partygäste überschritten wird.
- Krankenhaus-Patienten, die während ihres Krankenhausaufenthalts keine Besuche empfangen dürfen.
- Museen, die trotz umfangreichen Hygienekonzepten schließen müssen.
- Veranstaltungsverbote in Kinos und Theatern.
- Die Fortsetzung der Herren-Fußball-Bundesliga.
- Sterbende in Krankenhäusern, die von ihren Angehörigen nicht begleitet werden dürfen.
- Ein allgemeines Verbot von Demonstrationen.
- Bewohner*innen einer Gemeinschaftsunterkunft, die komplett in Quarantäne geraten, weil eine Person auf einem Flur positiv auf Corona getestet wurde.
- Personen, die sich in Innenstädten aufhalten, sind verpflichtet, einen Mund-, Nasenschutz zu tragen.

Einzelne in dem Verhältnismäßigkeitsbarometer aufgeworfene Fragen können in Dilemma-Dialogen aufgegriffen und vertieft werden.«

(Quelle: Zusammenleben neu gestalten, Corona-Krise, S. 8/9)

5.5 Dilemma Dialog

Ziel:	Eine Entscheidung treffen und diese in ihren vielfältigen Dimensionen ergründen, Kennenlernen widerstreitender Gefühle, Empfindungen und Werte, Sensibilisierung für vielfältige – vielleicht bis dahin fremde – Lebenswirklichkeiten, Empathieentwicklung, Perspektiverweiterung und gegebenenfalls Perspektivwechsel
Zeit:	45–60 Minuten incl. Auswertung
Material:	Kreppband zum Kleben der Mittellinie, Ja- und Nein-Schilder
Arbeitsform:	Stuhlkreis in einem großen Raum

Bedeutung

Der Dilemma-Dialog bietet sehr gute Möglichkeiten, in schwierigen Situationen sich mit den genannten Protagonisten zu identifizieren und Argumente des Fürs und Widers abzuwägen. Es schult die Dialogfähigkeit, da es nicht darum geht, andere zu überzeugen, sondern durch Zuhören den Meinungsbildungsprozess zu intensivieren.

Beschreibung

»Zu Beginn der Arbeit mit der Dilemma-Debatte liest der Moderator eine Dilemma-Geschichte vor und bittet die Teilnehmenden, sich in die Perspektive der Hauptperson (des Fallgebers, der um einen Rat bittet) hineinzuversetzen. Die Gruppe sitzt im Stuhlkreis. Der Raum ist bereits durch das Aufkleben einer Mittellinie in zwei gleich große Hälften geteilt. Die Dilemma-Geschichte endet immer mit einer Entweder-oder-Entscheidung. Daher bittet der Moderator am Ende der Geschichte für die Hauptperson in der Geschichte (= den oder die Fallgeberin) eine Entscheidung zu treffen und dies durch Aufsuchen des entsprechenden Ja- oder Nein-Raumes, den der Moderator am Ende der Lesung durch das Legen von Schildern in dem jeweiligen Raum definiert, deutlich zu machen. Dabei können die Teilnehmenden den Grad ihrer Entschiedenheit durch die Wahl ihres Standortes verdeutlichen: Je weiter sie von der Mittellinie weg sind, umso klarer sind sie in ihrer Entscheidung. Die Teilnehmenden dürfen auch die Räume wechseln oder ihren Standort in einem Raum nur prozentual verschieben. Die Teilnehmenden haben demnach einige Handlungsspielräume. Der Moderator bittet sie nur, eine Entscheidung zu treffen und zumindest in einem Raum zu beginnen. Das Stehen auf der Mittellinie ist demnach nicht zulässig.

Der Moderator erläutert im Weiteren das Vorgehen in der folgenden Dialogphase, die vor allem dem Ziel dient, die verschiedenen Beweggründe, Empfindungen, Bedürfnisse und Wünsche der Hauptperson der Geschichte (= Fallgeber:in) zu erkunden und die unterschiedlichen Wahrnehmungen und Deutungen der Teilnehmenden kennen zu lernen.

Alle sind herzlich eingeladen, die Wahl ihres Standorts zu erläutern und zu begründen, warum sie stehen, wo sie stehen. Diese Statements sollten die Teilnehmenden immer mit der Formulierung: ›Ich stehe hier, weil ...‹ beginnen. Die Teilnehmenden können ihren Standort verbal begründen und deutlich machen, was ihnen zu dem Dilemma durch den Kopf geht, sie müssen es freilich nicht. Die Teilnehmenden können auch mehrfach zu Wort kommen. Wichtig ist dabei, dass der Moderator darauf achtet, dass der geführte Dialog der Wahrnehmung der vielfältig anzunehmenden Gefühle und Bedürfnisse der in der Geschichte konstruierten (fiktiven) Hauptperson dient. Ziel der Phase im Dilemma-Dialog ist es nicht, die Teilnehmenden dazu anzuregen, an ihren Positionen zu feilen und durch Argumentationsführung die anderen von ihrem Standpunkt zu überzeugen. Vielmehr geht es darum, dass die Teilnehmenden sich selbst von der Möglichkeit ganz anderer Wahrnehmungen und Deutungen »überzeugen« können und entsprechend eine allparteiliche Haltung entwickeln, die sie die jeweils andere Sichtweise nachvollziehen und verstehen lässt.

Am Ende der Dialogphase fragt der Moderator nochmals in die Runde, ob jemand sich noch etwas bewegen, seinen Standort verändern möchte. Dabei ist es hilfreich, den Teilnehmenden etwas Zeit zu lassen. Wer mag kann dann seine Veränderung noch etwas kommentieren. Dann bittet der Moderator die Teilnehmenden, sich wieder in den Stuhlkreis zu setzen. Er nimmt die Ja- und Nein-Schilder aus den Räumen und fragt die Teilnehmenden, ob es möglich ist, dieses Dilemma zu verlassen und sich auf eine weitere Fallgeschichte einzulassen. Erfahrungsgemäß ist es sehr praktikabel, an zwei bis drei Dilemma-Geschichten zu arbeiten, ehe man in eine allgemeine Auswertung der Übungsphase einsteigt.« (Autorin: Christa Kaletsch)

(Quelle: Bildungsstätte Anne Frank 2013, 65-66)

Dilemma einer besten Freundin

»Nirit und Amal sind seit der 1. Klasse beste Freundinnen. Sie verbringen viel Zeit miteinander und verstehen sich sehr gut. Vor einigen Wochen war Nirit in der Stadt unterwegs und traf zufällig auf eine riesige Demo. Sie erschrak, als sie die Demonstranten rufen hörte: ›Tod Israel!‹ und ›Freiheit für Palästina!‹ Eine Israelfahne wurde verbrannt. Nirit ist Jüdin, ihre Eltern sind vor 20 Jahren aus Israel nach Deutschland eingewandert. Nirit besucht in den Sommerferien jedes Jahr ihre Großeltern in Haifa in Israel. Nirit wollte schnell vorbeilaufen, als sie plötzlich Amal in der Menge der Demonstranten erkannte. Die beiden schauten sich direkt ins Gesicht. Dann drehte sich Amal weg und lief mit der Demo weiter. Nirit weiß, dass Amals Eltern aus dem Libanon nach Deutschland geflohen sind. Sie sind Palästinenser und haben Familie im Libanon. Nirit ist sehr enttäuscht. Eigentlich wäre sie am Freitagabend gerne auf Amals Geburtstagsfeier gegangen, die beiden hatten sich schon sehr darauf gefreut. Jetzt weiß sie nicht, ob sie hingehen soll oder ob sie ihr Erlebnis erst mal verdauen sollte. Was soll Nirit tun? Soll sie zur Geburtstagsfeier von Amal gehen?

Dilemma Synagogenbesuch

Lisa und ihre Eltern wurden von einem Arbeitskollegen von Lisas Vaters zum Basar in die Synagoge eingeladen. Lisas Eltern freuen sich sehr, sie wollten schon seit langem die Synagoge von innen sehen und die Menschen dort kennen lernen. Als sie beim Abendessen über ihren Besuch sprechen, sagt ihr Vater erfreut: ›Da können wir vielleicht auch endlich deinen Freund Daniel kennen lernen, der ist doch Mitglied in der jüdischen Gemeinde!‹ Lisa befürchtet jedoch, dass ihr Vater Daniel über seine Religion, die Traditionen und Feste ausfragen wird. Ihr Vater ist sehr interessiert an der Kabbala und an der jüdischen Interpretation der Bibel. Lisa hat Sorge, dass das für Daniel eher unangenehm werden würde. Daniel befindet sich momentan nämlich in einer Phase der Neuorientierung. Er hat sich während der Osterferien im Gästehaus der buddhistischen Gemeinde einquartiert und sich mit dem Kern des buddhistischen Glaubens beschäftigt. Lisa weiß nicht, ob sie Daniel überhaupt erzählen soll, dass sie in die Synagoge geht. Anderseits kann es passieren, dass sie sich zufällig dort über den Weg laufen und Daniel sauer wird, weil sie ihm nichts von ihrem Besuch erzählt hat. Was soll Lisa tun? Soll sie Daniel von dem Besuch erzählen und riskieren, ihn in eine unangenehme Situation zu bringen?«

(Autorinnen: Christa Kaletsch, Deborah Krieg, Tami Ensinger. Bildungsstätte Anne Frank 2013, 66-67).

Dilemma: Eingreifen oder Laufen lassen

»Die folgende Dilemma-Geschichte will den Raum für die Wahrnehmung der Gleichzeitigkeit von pandemiebedingten Maßnahmen und den Bedürfnissen zur Be- und Verarbeitung der rassistischen Taten in Hanau öffnen und Mutiplikator:innen unterstützen, kinderrechtsbasiert auf Herausforderungen schauen zu können. Gleichzeitig können Jugendliche über das Dilemma eingeladen werden, professionell in der schulischen und außerschulischen (Bildungs-)Arbeit Tätigen einen Rat zu geben und ihre Perspektive einbringen.

5 Methodenteil

Deniz hätte gerne einen Rat: Deniz arbeitet als Sozialarbeiter in der offenen Jugendarbeit. Es ist früher Abend und Deniz geht mit seinem Hund spazieren und dreht eine Runde durch das Viertel. Das macht er, da das JuZ zurzeit nur begrenzt geöffnet hat, öfter. Einfach weil er sich zeigen und auch einen Überblick verschaffen will, was so los ist und läuft. Er sieht eine kleine Gruppe Jugendlicher (sechs Personen), die Deniz aus dem JuZ-Treff gut kennt, zusammen auf einer Wiese neben einem Spielplatz stehen. Angeregt unterhalten sie sich und Deniz spürt, dass sie wichtige Erfahrungen teilen. Beim näheren Hinschauen bemerkt er, dass zwei Jungen emotional sehr ergriffen sind und Tränen in den Augen haben. Die Stimmung wirkt ernst und vertraulich. Die Jugendlichen stehen sehr dicht zusammen. Ein Junge hat seinen Arm tröstend um einen anderen gelegt. Deniz berührt diese Szene sehr und er kann sich gut vorstellen, worum es in dem Gespräch geht. Die Jugendlichen sind noch immer sehr mitgenommen von den rassistischen Anschlägen im Februar, bei dem manche direkte Freunde und Verwandte verloren haben. Deniz findet gut, dass sich die Jugendlichen beistehen. Eigentlich was sehr Schönes und Gutes, wenn sie Nähe zulassen können – aber in Zeiten von Corona?! Da sieht die ganze Sache gleich ganz anders aus. Unter Pandemiebedingungen und mit Bezug auf die in der Stadt erlassenen Hygienebedingungen sind sich die Jugendlichen viel zu nah. Dass die Gefahr durch Covid 19 noch nicht vorbei ist, zeigen die steigenden Fallzahlen positiv auf das Virus getesteter Personen. So gesehen, sollte man die Jugendlichen darauf hinweisen, dass sie zu dicht zusammenstehen, und sie bitten, auf größere Abstände zu achten. Aber soll er wirklich die intime Situation stören? Deniz weiß wirklich nicht, was das Richtige ist. Die Jugendlichen in Ruhe lassen, einfach weitergehen und darauf hoffen, dass nichts passiert, wäre die eine Option. ›Irgendwie sind die doch fast so was wie ein Haushalt‹, versucht eine innere Stimme ihn zu beruhigen. Da melden sich aber auch gleich Zweifel, ›das sollte man nicht zu leichtnehmen und an jedem der Jugendlichen hängen viele andere Menschen dran, die sich leicht auch infizieren und krank werden könnten‹. Das denkt er auch und dann gibt es die Sorge, was passiert, wenn Beamt:innen des Ordnungsamts- oder der Stadtpolizei die Jugendliche in der Gruppe stehend sehen. Wenn die die Szene sehen, müssen die tätig werden, aber ob die das so behutsam ansprechen können, wie es Deniz möglich wäre, das kann er grad nicht gut abschätzen. Wäre vielleicht doch besser, wenn er die Jugendlichen selbst ansprechen und sie auf das Problem hinweisen würde.

Was soll Deniz tun: die Sache auf sich beruhen lassen – oder die Jugendlichen ansprechen?

Im Anschluss an den Austausch in der Methode Dilemma-Dialog könnte (in Kleingruppen) darüber nachgedacht werden ...

.... welche Kinder- und Menschenrechte in der Situation berührt sind und miteinander in Konflikt geraten

.... welches Bedürfnis deutlich wird und wie man Räume schaffen könnte, in denen die Bedürfnisse der Jugendlichen gewürdigt werden können.

Davon ausgehend kann über die Gestaltung von Räumen für Kinder nachgedacht werden, die sich über rassistische Erfahrungen austauschen möchten. Entsprechende Initiativen können vorgestellt oder gemeinsam recherchiert werden. Das Team rund um die BerlinBlix-Theateragentur aus der Nähe von Marburg hat beispielsweise ein Hygienekonzept erarbeitet, das sein theaterpädagogisches Präventionsprogramm »Vom Zuhören und Dazugehören« für die vierte und fünfte Klasse auch unter Coronabedingungen in Schulen umsetzbar macht.«

(Quelle: Makista 2020 Kinderrechte und Pandemie, S. 20)

Weitere Beispiele für Dilemma-Dialoge finden sich in: Kaletsch/Rech (2015), Heterogenität im Klassenzimmer.

6

Zusammenfassung und Fazit

Die aktuellen gesellschaftlichen und politischen Herausforderungen, die ihren Niederschlag auch in der Schule finden, sind Ausgangspunkt des vorliegenden Buches. Insbesondere die Corona-Pandemie hat die Verletzlichkeit der Gesellschaft und die zu geringe Beachtung der Anliegen von Kindern und Jugendlichen gezeigt. Das in der Kinderrechtskonvention festgelegte Recht auf Beteiligung wurde in den meisten Fällen nicht gewährt. Schule als wichtige Sozialisationsinstanz kann zwar negative gesellschaftliche Entwicklungen wie die zunehmende Kluft zwischen Armen und Reichen nicht korrigieren, aber sie hat doch einen Einfluss, Verhältnisse abzufedern und durch Prioritätensetzungen sozial schwache Kinder und Jugendliche gerade nicht nur im Sinne der

Vermittlung von Stoff, sondern vielmehr von sozialen Kompetenzen und Eigenständigkeit zu fördern und damit einen gewissen Ausgleich zu schaffen. Schule bietet die Chance, Lernräume zu eröffnen, die Lebensweltkompetenzen vermitteln. Dies setzt voraus, dass dort eine Kultur und Atmosphäre herrscht, die von Anerkennung, Wertschätzung und der Berücksichtigung der Bedürfnisse von Kindern und Jugendlichen geprägt ist.

Grundlage, um dieses Ziel zu realisieren, sind die Kinder- und Menschenrechte, die im Konzept der Demokratiepädagogik einen wesentlichen Stellenwert haben. Im Wesentlichen geht es nicht um die Demokratie im politischen System, sondern darum, Demokratie im Alltag der Schule und in allen Fächern zu leben. Dies setzt eine Haltung der pädagogisch Tätigen voraus, die die Ansprüche der Demokratie nicht nur predigt, sondern aktiv lebt bzw. das eigene Verhalten im Austausch mit anderen Professionellen ständig reflektiert.

Aufbauend auf diesen theoretischen Begründungen wurden daher eine Reihe praktischer Konzepte, Anregungen und Methoden dargestellt, die vor allen Dingen – wie beispielsweise der Klassenrat – dann ihre volle Wirkung entfalten, wenn sie von möglichst allen (Klassen-) Lehrkräften mit der entsprechenden Haltung umgesetzt werden. Das gleiche gilt für andere Ansätze wie Schüler-Feedback und Lernen durch Engagement.

Darüber hinaus wurde dargestellt, dass es eine Reihe von außerschulischen Unterstützungsangeboten gibt, die zum einen präventiv und zum anderen interventiv wirken. Dies kann beispielsweise in Gewalt- und Konfliktsituationen eine wichtige Entlastungsfunktion haben, oder es gibt eine Notwendigkeit, außerschulische Hilfe in Anspruch zu nehmen, wenn beispielsweise strafrechtliche Tatbestände vorliegen.

Aus der Fülle methodischer Ideen wurde eine kleine Auswahl getroffen, die im Kontext von sozialem und demokratischem Lernen wichtig sind. Dies ersetzt nicht die Nutzung bestehender umfangreicher Methodenhandreichungen, auf die an verschiedenen

Stellen hingewiesen wurde. Sie sind entsprechend der jeweiligen Zielsetzung auszusuchen und zu nutzen.

Die Anregungen aus diesem Buch werden insbesondere dann eine nachhaltige Wirkung in Schule entfalten, wenn sie systemisch im Sinne von Schulentwicklungsprozessen verstanden und realisiert werden. Das setzt voraus, dass jede Schule aufmerksam die inneren Entwicklungen und die im näheren Umfeld beobachtet und daraus Konsequenzen für die eigene pädagogische Praxis zieht. Ein Blick von außen durch professionelle Schulentwicklungsberater:innen ist dabei nicht nur hilfreich, sondern in den meisten Fällen notwendig.

7

Anhang

1 Thesenpapier zu Demokratiekompetenzen

Demokratiekompetenzen? .... aus der Perspektive von Unterricht und Schule – Ein Thesenpapier von Wolfgang Beutel und Markus Gloe

A Perspektive der Schule

1. Demokratiekompetenzen in der Schule zu erwerben, das wirkt wie ein dauernder Zwiespalt: Die Schule als Institution ist nicht demokratisch, sie deshalb demokratisch zu gestalten, ist eine andauernde Aufgabe der praktischen Pädagogik.

2. Demokratiekompetenzen in der Schule zu erwerben liegt besonders nahe: Denn die Schule ist das Lebens- und Entwicklungsmilieu, das die individuelle, moralische und politische Sozialisation von Kindern und Jugendlichen entscheidend prägt. Zudem hat die Schule als einzige staatliche Institution unserer Demokratie eine mehrheitserreichende und damit exklusive Funktion für die »Demokratiepädagogik«.
3. Die demokratische Schule ist eine Aufgabe aller Lehrer*innen.
4. Es gibt ein breites Repertoire an Ansätzen und Programmen für die demokratische Schule. Dessen Nutzung kann und sollte gefördert werden.
5. Demokratie ist nicht beliebig – wir benötigen in der Schule einen Minimalkonsens zumindest in diese Richtung: Demokratie ist mehr als Wahl und Mehrheit!
6. Demokratiepädagogik hat in der Bildungspolitik und der Reform der Lehrerbildung eine zu geringe Bedeutung.
7. Die Demokratiepädagogik und die demokratische Schulentwicklung benötigen in der erziehungswissenschaftlichen Forschung mehr Kapazität und auf Entwicklung gerichtetes Potenzial.

B Perspektive des Unterrichts

1. Eine demokratische Unterrichtskultur ist Voraussetzung für guten Unterricht.
2. Ein demokratischer Unterricht ist zugleich ein inklusiver Unterricht.
3. Demokratische Haltungen der Lehrer*innen gehen den demokratischen Haltungen der Schüler*innen voraus.
4. Möglichst früh und möglichst dauerhaft müssen demokratische Werte vermittelt und demokratische Erfahrungen ermöglicht werden.
5. Erst durch bewusste Reflexion können Schüler*innen Demokratiekompetenz ausbilden.
6. Demokratischer Unterricht zeichnet sich durch eine wechselseitige Feedbackkultur, leistungsfreie Zeiten und alternative For-

men der Leistungsfeststellung und -rückmeldung, die Einbeziehung der Selbsteinschätzungen der Schüler*innen sowie die Festlegung und Achtung gemeinschaftlicher Regeln und die Sanktionierung von Regelverstößen aus.
7. Die Lernmethoden »Lernen durch Engagement«, »Demokratisches Sprechen« und »Philosophieren mit Kindern und Jugendlichen« sind in allen Fächern einsetzbar, um Demokratiekompetenz zu fördern.

Die einzelnen Thesen sind im 7. Jahrbuch Demokratiepädagogik weiter ausgeführt.

(Quelle: Berkessel u. a. (2020): Demokratie als Gesellschaftsform, 7. Jahrbuch Demokratiepädagogik, S. 187–201)

2 Magdeburger Manifest

Magdeburger Manifest

Im Rahmen der Halbzeitkonferenz 2005 des BLK-Programms »Demokratie lernen und leben« wurde das »Magdeburger Manifest« zur Demokratiepädagogik verabschiedet. Das Manifest beschreibt in 10 Punkten, warum demokratiepädagogische Aktivitäten in Deutschland engagiert vorangebracht werden müssen. Das Gründungsmanifest der Deutschen Gesellschaft für Demokratiepädagogik wurde von den Gründungsmitgliedern der Gesellschaft unterzeichnet.

1. Demokratie ist eine historische Errungenschaft. Sie ist kein Naturgesetz oder Zufall, sondern Ergebnis menschlichen Handelns und menschlicher Erziehung. Sie ist deshalb eine zentrale Aufgabe für Schule und Jugendbildung. Demokratie kann und muss gelernt werden individuell und gesellschaftlich. Die

Demokratie hat eine Schlüsselbedeutung für die Verwirklichung der Menschenrechte. Die Entwicklung und die ständige Erneuerung demokratischer Verhältnisse bildet deshalb eine bleibende Aufgabe und Herausforderung für Staat, Gesellschaft und Erziehung.

2. Die Erfahrung der Geschichte ebenso wie gegenwärtige Entwicklungen und Gefährdungen, insbesondere Rechtsradikalismus, Fremdenfeindlichkeit, Gewalt und Antisemitismus, zeigen, dass die Demokratisierung von Staat und Verfassung nicht genügt, die Demokratie zu erhalten und mit Leben zu erfüllen. Dazu bedarf es vielmehr einer Verankerung der Demokratie nicht nur als Verfassungsanspruch und Regierungsform, sondern als Gesellschaftsform und als Lebensform.

3. Demokratie als Gesellschaftsform bedeutet, sie als praktisch wirksamen Maßstab für die Entwicklung und Gestaltung von zivilgesellschaftlichen Gemeinschaften, Verbänden und Institutionen zu achten, zur Geltung zu bringen und auch öffentlich zu vertreten.

4. Demokratie als Lebensform bedeutet, ihre Prinzipien als Grundlage und Ziel für den menschlichen Umgang und das menschliche Handeln in die Praxis des gelebten Alltags hineinzutragen und in dieser Praxis immer wieder zu erneuern. Grundlage demokratischen Verhaltens sind die auf gegenseitiger Anerkennung beruhende Achtung und Solidarität zwischen Menschen unabhängig von Herkunft, Geschlecht, ethnischer Zugehörigkeit, Religion, Alter oder gesellschaftlichem Status.

5. Politisch und pädagogisch beruht der demokratische Weg auf dem entschiedenen, und gemeinsam geteilten Willen, alle Betroffenen einzubeziehen (Inklusion und Partizipation), eine abwägende, gerechtigkeitsorientierte Entscheidungspraxis zu ermöglichen (Deliberation), Mittel zweckdienlich und sparsam einzusetzen (Effizienz), Öffentlichkeit herzustellen (Transparenz) und eine kritische Prüfung und Revision von Handeln und Institutionen mit Maßstäben von Recht und Moral zu sichern (Legitimität).

6. Demokratie lernen und Demokratie leben gehören zusammen: In demokratischen Verhältnissen aufzuwachsen und respektvollen Umgang als selbstverständlich zu erfahren, bildet die vielleicht wichtigste Grundlage für die Herausbildung belastbarer demokratischer Einstellungen und Verhaltensgewohnheiten. Die Entwicklung demokratischer Handlungskompetenz erfordert darüber hinaus Wissen über Prinzipien und Regeln, über Fakten und Modelle sowie über Institutionen und historische Zusammenhänge.
7. Demokratie lernen ist eine lebenslange Herausforderung; jede neue gesellschaftliche und politische Situation kann auch neue Fähigkeiten und demokratische Lösungswege verlangen. Ganz besonders stellt Demokratie lernen aber ein grundlegendes Ziel für Schule und Jugendbildung dar. Das ergibt sich zuerst aus deren Aufgabe, Lernen und Entwicklung aller Heranwachsenden zu fördern. In welchem Verhältnis Einbezug und Ausgrenzung, Förderung und Auslese, Anerkennung und Demütigung, Transparenz und Verantwortung in der Schule zueinander stehen, ist mitentscheidend dafür, welche Einstellung Jugendliche zur Demokratie entwickeln und wie sinnvoll, selbstverständlich und nützlich ihnen eigenes Engagement erscheint.
8. Demokratie wird erfahren durch Zugehörigkeit, Mitwirkung, Anerkennung und Verantwortung. Diese Erfahrung bildet eine wichtige Grundlage dafür, dass Alternativen zur Gewalt wahrgenommen und gewählt werden können und dass Vertrauen in die eigene Handlungsfähigkeit (Selbstwirksamkeit) mit der Bereitschaft, sich für Aufgaben des Gemeinwesens einzusetzen, sich zusammen ausbilden können. Ebenso hängt von dieser Erfahrung die Fähigkeit ab, Zugehörigkeit zu anderen und Abgrenzung von anderen als demokratische Grundsituation verstehen zu können und sie nicht mit blinder Gefolgschaft, mit der Abwertung anderer und mit Fremdenfeindlichkeit zu beantworten.

Gewalt, Rechtsextremismus und Fremdenfeindlichkeit bei Jugendlichen sind weithin auch eine Folge fehlender Erfahrung

von Zugehörigkeit, mangelnder Anerkennung und ungenügender Aufklärung.
9. Der Anspruch, Demokratie lernen und Demokratie leben in der Schule miteinander zu verbinden, hat Konsequenzen für Ziele, Inhalte, Methoden und Umgangsformen in jedem Unterricht und für die Leistungsbewertung.
Er impliziert die Bedeutung von Projektlernen als einer grundlegend demokratisch angelegten pädagogischen Großform, er schließt die Forderung ein, Mitwirkung und Teilhabe in den verschiedensten Formen und auf den verschiedensten Ebenen des Schullebens und der schulischen Gremien zu erproben und zu erweitern und verlangt die Anerkennung und Wertschätzung von Aktivitäten und Leistungen, mit denen sich die Schüler- und Lehrerschaft über die Schule hinaus an Aufgaben und Problemen des Gemeinwesens beteiligen.
10. Erziehung zur Demokratie und politische Bildung stellen für die Schule, besonders für Lehrerinnen und Lehrer, eine Aufgabe von zunehmender gesellschaftlicher Wichtigkeit und Dringlichkeit dar. Alle staatlichen und zivilgesellschaftlichen Kräfte sind gefordert, pädagogische Anstrengungen auf diesem Feld zu unterstützen, mit ausreichenden Mitteln zu versehen und ihre öffentliche Wahrnehmung zu stärken.

(Quelle: DeGeDe, www.degede.de, 2005, Berlin)

3 Fragebögen zum Feedback

Planungsraster zur Erhebung und Auswertung des Feedbacks

Fragestellungen zur Vorbereitung der Erhebung des Feedbacks	Anmerkungen zur Vorbereitung
In welcher Klasse soll das Feedback durchgeführt. Werden? Und: warum in dieser Klasse?	
Bsp.: Suche nach neuer Orientierung: Klasse XY ist besonders offen für Veränderung; erst mal mit »dem Leichtesten« anfangen.	
Zielsetzungen: um was geht es mir? Wo stehen ggf. Veränderungen an – und sind möglich?	
Bsp.: Unterricht soll lernintensiver werden; stärkere Förderung Leistungsschwacher	
Was will ich konkret erfragen? Welche Aspekte sollen im Mittelpunkt stehen?	
Bsp.: zu Hausaufgabenverhalten; zu Verständnisproblemen im Unterricht	
Welche Methode soll angewandt werden? Warum ist diese Methode in diesem Fall geeignet?	
Bsp.: Fragebogen; Schüler »erarbeiten« in Gruppen eine Rückmeldung; Bepunktung auf einer Zielscheibe	
Welche Fragen, Vorschläge usw. haben die Schülerinnen/Schüler?	
Vorschläge/Wünsche der Klasse zum Feedback bzw. zum Prozess; Zielsetzung, Ablauf, Weiterarbeit mit den Ergebnissen	
Worauf sollte ich als Lehrkraft besonders sehen? Was ist mir in dem Prozess wichtig?	
Bsp.: Anonymität, Beteiligung aller, Art der Kommunikation	

7 Anhang

Fragestellungen zur Vorbereitung der Erhebung des Feedbacks	Anmerkungen zur Vorbereitung
Mögliche Stolpersteine beim gesamten Procedere?	
Bsp.: Schülerantworten bleiben zu allgemein/freundlich; zeitliche Rahmenbedingungen	
Mögliche Schritte zur Vermeidung der genannten Schwierigkeiten?	
Bsp.: Befragung auf aussagefähige Antworten ausrichten; Anonymität; Vorgespräch über Nutzen konstruktiver Kritik	

(Quelle: Wild 2013, 226)

Fragestellungen zur Vorbereitung der Auswertung des Feedbacks	Anmerkungen zur Vorbereitung
Wie und von wem soll der Prozess insgesamt bzw. einzelne Phasen moderiert werden?	
Bsp. Selbst; von Schülerinnen/Schülern; »Außen« von einer Kollegin/einem Kollegen	
Wie kommen die Ergebnisse an die Klasse zurück?	
Bsp.: Vorlesen; automatisch (z. B. bei Zielscheibe); übertragen von Individualergebnissen (Fragebogen) auf Großformat?	
Wie gestalte ich den ersten Blick auf die Ergebnisse?	
Bsp.: Dank an Klasse; erste eigene Eindrücke rückmelden; Sonderstunde?	
Wie vereinbare ich mit den Schülerinnen/Schülern, welche Aspekte intensiver besprochen werden?	
Bsp.: (Vor-) Entscheidung als Lehrkraft; Bepunktung durch Klasse; nur »auffällige« Ergebnisse?	

3 Fragebögen zum Feedback

Fragestellungen zur Vorbereitung der Auswertung des Feedbacks	Anmerkungen zur Vorbereitung
Was will ich – mit welchen Intentionen – zur Sprache bringen?	
Bsp.: kleine Anfangsschritte einleiten; positive Elemente sichern; Konflikte offenlegen?	
Wie können die Schülerinnen/Schüler Vorschläge für Vereinbarungen einbringen?	
Bsp.: (vorstrukturierte) Diskussion in Gruppen; Klassengespräch; Vorschläge durch Lehrkraft?	
Wie werden die Ergebnisse/die Vereinbarungen zur Weiterarbeit festgehalten?	
Bsp.: mündlich; schriftlich; Vertrag?	
Was kann ich dafür tun, dass mit den Vereinbarungen gearbeitet wird?	
Bsp.: nach vereinbarter Frist gemeinsamer Blick auf Veränderung; Rückmeldungen der Klasse einholen?	
Mögliche Stolpersteine bei gesamten Procedere?	
Bsp.: Vereinbarung wirken nicht wie erhofft	
Mögliche Schritte zur Vermittlung der genannten Schwierigkeiten?	
Bsp.: Problem mit Klassen besprechen; Unterstützung/Gespräch mit Kolleg/innen; Beratung einholen?	
... und worauf ich sonst noch achten will; was mir sonst noch wichtig ist	
Bsp.: kleine Schritte; nur wirklich Veränderbares	

(Quelle: Wild 2013, 227)

Literatur

Adorno, Theodor (2019): Aspekte des neuen Rechtsradikalismus. Berlin.
Alpers, Susanne (2013): Kooperatives Lernen als Weg zu mehr Schülerpartizipation. In: Berkessel, Hans/Beutel, Wolfgang/Faulstich-Wieland, Hannelore/Veith, Hermann (Hrsg.), Jahrbuch Demokratiepädagogik, Neue Lernkultur – Genderdemokratie. Schwalbach/Ts., S. 49–57.
Altenburg, Marion (2013): Die Kunst, Konflikte produktiv zu lösen. Sensibilisierungsprogramm für die Klassen 7 und 8. Frankfurt a. M. (Hessisches Kultusministerium). https://kultusministerium.hessen.de/presse/infomaterial/9/die-kunst-konflikte-produktiv-zu-loesen
Balci, Güner (2021): Schulen müssen politischer werden. Interview. In: Erziehung und Wissenschaft, Heft 01/2021, S. 39.
Ballreich, Rudi (2006): Bedürfnisorientierte Mediation. In: Hessisches Kultusministerium, Mediation in der Schule – Wege zu einer neuen Erziehungskultur. Wiesbaden, S. 27–40.
Bauer, Christoph/Tschirner, Martina (2020): Gutachten zur Plakatserie »AUFGEKLÄRT STATT AUTONOM«. GEW Hessen. Frankfurt a. M.
Behrens, Rico (2019): Politische Bildung in der Schule und die Konjunktur rechtsextremer und rechtspopulistischer Herausforderungen. In: Gloe, Markus/Rademacher, Helmolt, Demokratische Schule als Beruf. 6. Jahrbuch Demokratiepädagogik. Frankfurt a. M., S. 231 ff.
Berkessel, Hans/Beutel, Wolfgang/Frank, Susanne/Gloe, Markus/Grammes, Tilman/Welniak, Christian (Hrsg.) (2020): Demokratie als Gesellschaftsform. 7. Jahrbuch Demokratiepädagogik. Frankfurt a. M.
Bernstein, Julia (2020): Antisemitismus an Schulen in Deutschland. Befunde – Analysen – Handlungsoptionen. Weinheim – Basel.
Beutel, Wolfgang/Fauser, Peter (Hrsg.) (2013): Demokratie erfahren. Analysen, Berichte und Anstöße aus dem Wettbewerb »Förderprogramm Demokratisch Handeln«. Schwalbach/Ts.
Beutel, Wolfgang/Gloe, Markus (2020): Demokratiekompetenzen? .... aus der Perspektive von Unterricht und Schule – Ein Thesenpapier: In: Berkessel, Hans u. a. (Hrsg.), Demokratie als Gesellschaftsform. 7. Jahrbuch Demokratiepädagogik. Frankfurt a. M., S. 187–201.
Beutel, Wolfgang/Rademacher, Helmolt (2018): Demokratische Schulentwicklung. In: Kenner, Steve/Lange, Dirk (Hrsg.): Citizenship Education. Konzepte, Anregungen und Ideen zur Demokratiebildung. Frankfurt a. M., S. 101–114.

Bildungsstätte Anne Frank (2013): Weltbild Antisemitismus – didaktische und methodische Empfehlungen für die pädagogische Arbeit in der Migrationsgesellschaft. Frankfurt a. M.

Blum, Heike/Beck, Detlef (2011): No Blame Approach – ein Ansatz gegen Mobbing, der wirkt: In: Rademacher/Altenburg-van Dieken, S. 131 ff.

Bohm, David (1998): Der Dialog. Das offene Gespräch am Ende der Diskussion. Stuttgart.

Bründel, Heidrun (2014): Notfall Schülersuizid (Brennpunkt Schule). Stuttgart.

Bundesverband Mediation e. V. (2009): Standards und Ausbildungsrichtlinien Mediation in Bildung und Erziehung. Berlin (Stand 1.1.2013) https://www.bmev.de/fileadmin/downloads/anerkennung/bm_standards_mediatorIn_in_erziehung_und_bildung_2014.pdf

Busch, Barbara (2014): Schulentwicklung hin zur kindergerechten Grundschule. Ein Praxisbericht der Albert-Schweitzer-Schule Langen. In: Edelstein/Krappman/Student, S. 105–117, Schwalbach/Ts.

Bush, Robert A. Baruch/Folger, Joseph P. (1994): The Promise of Mediation. San Francisco.

De Haan, Gerhard/Edelstein, Wolfgang/Eikel, Angelika (2007): Qualitätsrahmen Demokratiepädagogik. Weinheim.

Deutsches Institut für Menschenrechte (DIMR) (2019): Schweigen ist nicht neutral. Informationen des DIMR, April 2019. Berlin.

Die Zeit, 17.9.2020: Wir müssen auch anders können – Die Corona Krise hat viele Gewissheiten erschüttert.

Edelstein, Wolfgang (2014): Demokratiepädagogik und Schulreform (hrsg. von Wolfgang Beutel, Kurt Edler und Helmolt Rademacher). Schwalbach/Ts.

Edelstein, Wolfgang (2007): Was ist Demokratiepädagogik? Versuch einer operativen Bestimmung. In: Beutel, Wolfgang/Fauser, Peter (Hrsg.), Demokratiepädagogik – Lernen für die Zivilgesellschaft. Schwalbach/Ts.

Edelstein, Wolfgang/Fauser, Peter (2001): Gutachten zum Programm »Demokratie lernen und leben« (Bund-Länder-Kommission für Bildungsplanung und Forschungsförderung – BLK). Bonn.

Edelstein, Wolfgang/Frank, Susanne/Sliwka, Anne (Hrsg.) (2009): Praxisbuch Demokratiepädagogik. Sechs Bausteine für Unterrichtsgestaltung und Schulalltag. Weinheim.

Edelstein, Wolfgang/Krappmann, Lothar/Student, Sonja (Hrsg.) (2014): Kinderrechte in die Schule – Gleichheit, Schutz, Förderung, Partizipation. Schwalbach/Ts.

Edler, Kurt (2015): Islamismus als pädagogische Herausforderung (Brennpunkt Schule). Stuttgart.

Elias, Norbert (1976): Über den Prozess der Zivilisation. Soziogenetische und psychogenetische Untersuchungen. Erster Band. Frankfurt a. M.

Faller, Kurt/Kerntke, Wilfried/Wackmann, Maria (1996): Konflikte selber lösen – Mediation für Schule und Jugendarbeit. Mühlheim/Ruhr.

Faller, Kurt/Kneip, Winfried (2007): Das Buddy Prinzip. buddy e. V., Düsseldorf.

Frank, Susanne/Seifert, Anne/Sliwka, Anne/Zentner, Sandra (2009): Service Learning – Lernen durch Engagement. In: Edelstein, Wolfgang/Frank, Susanne/Sliwka, Anne (Hrsg.), Praxisbuch Demokratiepädagogik. Weinheim.

Frankfurter Allgemeine Zeitung (FAZ), 5.11.2020): Der Prophet im Klassenzimmer.

Frankfurter Rundschau (FR), 27.10.20: Gewalt gegen Lehrkräfte nimmt zu.

Friedrichs, Birte (2014): Praxisbuch Klassenrat – Gemeinschaft fördern, Konflikte lösen: Weinheim und Basel.

Gebauer, Bernt/Lenz, Claudia (2019): Kompetenzen für eine demokratische Kultur – eine Ressource für Demokratielernen in der Schule? In: Gloe/Rademacher, Demokratische Schule als Beruf. Frankfurt a. M., S. 175–189.

Georg, Eva/Dürr, Tina – Demokratiezentrum im beratungsNetzwerk hessen – gemeinsam für Demokratie und gegen Rechtsextremismus (Hrsg.) (2016): »Was soll ich denn da sagen?!« – zum Umgang mit Rechtsextremismus und Rassismus im Schulalltag. Marburg.

Glaser, Michaela/Müller, Jochen/Taubert, André (2020): Selektive Extremismusprävention aus pädagogischer Perspektive – Zielgruppen, Handlungsfelder, Akteure und Ansätze. In: Slama, Brahim Ben/Kemmesies, Uwe (Hrsg.), Handbuch Extremismusprävention – Gesamtgesellschaftlich, Phänomenübergreifend. Bundeskriminalamt Wiesbaden.

Gloe, Markus/Rademacher, Helmolt (Hrsg.) (2019): Demokratische Schule als Beruf. 6. Jahrbuch Demokratiepädagogik. Frankfurt a. M.

Gölitzer, Susanne (2020): Relevanz und Beziehung. In: FR 8.7.2020.

Goldberg, Amos (2021): »Die wirkliche Gefahr gerät aus dem Blick«. Interview in der FR 1.4.2021.

Grund, Gregory (2020): Was tun bei Stress im Klassenchat? In: Klasse leiten – Schwerpunkt: Konflikte lösen, Heft 2/2020, S. 33–35.

Hafeneger, Benno (2020): Rechtsextremismus, Rechtspopulismus und AfD. In: Berkessel u. a. (Hrsg.), Demokratie als Gesellschaftsform. 7. Jahrbuch Demokratiepädagogik. Frankfurt a. M., S. 145 ff.

Hafeneger, Benno (2019): Politische Bildung ist mehr als Prävention. In: Journal für Politische Bildung, Heft 2/19, S. 22–25.

Hafeneger, Benno/Unkelbach, Katharina/Widmaier, Benedikt (Hrsg.) (2019): Rassismuskritische politische Bildung – Theorien, Konzepte, Orientierungen. Frankfurt a. M.

Haumersen, Petra/Liebe, Frank (1999): Multikulti – Konflikte konstruktiv. Mühlheim/Ruhr.

Hessische Verfassung (Stand 2021), § 4 Abs. 2

Hessisches Ministerium für Soziales und Integration (2018): Hessische Kinder- und Jugendrechte-Charta. Wiesbaden.

Himmelmann, Gerhard (2007): Demokratie Lernen als Lebens-, Gesellschafts- und Herrschaftsform. Ein Lehr- und Studienbuch. Schwalbach/Ts.

Jerusalem-Erklärung zum Antisemitismus vom 26.3.2021 (www.jerusalemdecl aration.org) Aufruf am 26.4.21.

Kaletsch, Christa (2019): Kinderrechte als Bezugspunkte für die Herausforderungen unserer Zeit. In: Gloe/Rademacher (Hrsg.), S. 160 – 174.

Kaletsch, Christa (2015): Rassistische Diskurse in der Mitte der Gesellschaft als pädagogische Herausforderung. In: Berkessel, Hans/Beutel, Wolfgang, Jahrbuch Demokratiepädagogik 3 – Demokratiepädagogik und Rechtsextremismus. Schwalbach/Ts., S. 48 ff.

Kaletsch, Christa (2007): Demokratietraining in der Einwanderungsgesellschaft – Aktive Schülervertretung – Für Schüler, Lehrer und Eltern. Schwalbach/Ts.

Kaletsch, Christa/Glittenberg, Manuel (2019): Die Rituale der Mitte – Reproduktionsmechanismen von Rassismus und problematische Handlungsroutinen im Umgang damit. In: Dürr, Tina/Becker, Reiner (Hrsg.), Leerstelle Rassismus – Analysen und Handlungsmöglichkeiten nach dem NSU. Frankfurt a. M.

Kaletsch, Christa/Rademacher, Helmolt (2020): Schule der Demokratie – In Corona-Zeiten ist digitales Lernen in den Mittelpunkt gerückt. Aber die Wertevermittlung gerät in Gefahr. In: FR 25./26.7.2020.

Kaletsch, Christa/Rech, Stefan (2015): Heterogenität im Klassenzimmer – Methoden, Beispiele und Übungen zur Menschenrechtsbildung. Schwalbach/Ts.

Kelek, Necla (2020): Ein Verbot des Kinderkopftuchs wäre zum Wohl aller Kinder. In: DIE ZEIT, 29.10.2020.

Khorchide, Mouhanad (2020): »Und wer schützt uns«. In: DIE ZEIT, 29.10.2020.

Killguss, Hans-Peter/Meier, Marcus/Werner Sebastian (2020): Bildungsarbeit gegen Antisemitismus. Grundlagen, Methoden und Übungen. Frankfurt a. M.

Klein, Felix (2020): Interview. In: FR vom 7.8.2020.

Klose, Christiana/Rademacher, Helmolt/Hafeneger, Benno/Jansen, Mechthild (2000): Gewalt- und Fremdenfeindlichkeit – jugendpädagogische Auswege. Opladen.

Krappmann, Lothar/Petry, Christian (Hrsg.) (2016): Worauf Kinder und Jugendliche ein Recht haben – Kinderrechte, Demokratie und Schule: ein Manifest. Schwalbach/Ts.

Lange, Dirk (2019): Ein wichtiger Teil der Schulkultur. Interview. In: Erziehung & Wissenschaft 07-08/2019, S. 10–11.

Lange, Dirk (2019): Jetzt ist die richtige Zeit für Demokratiebildung. In: Gloe/Rademacher: Lehrkräftebildung. Jahrbuch Demokratiepädagogik 6. Frankfurt a. M., S. 29 ff.

Löchel, Elfriede (2013): Ringen um psychoanalytische Haltung. In: Psyche, Heft 12, S. 1167–1190.

Lohmann, Gert (2007): Mit Schülern klarkommen. Professioneller Umgang mit Unterrichtstörungen und Disziplinkonflikten. Berlin.

May, Michael (2019): Umgang mit gruppenbezogener Menschenfeindlichkeit als lehramtsbezogene Querschnittsaufgabe – Struktur und Ergebnisse eines Seminars. In: Gloe/Rademacher, Demokratische Schule als Beruf, S. 222–230.

May, Michael/Heinrich, Gudrun (2020): Rechtsextremismus pädagogisch begegnen. Handlungswissen für die Schule (Brennpunkt Schule). Stuttgart.

Makista e. V. (2020): Jetzt erst recht. Kinderrechte umsetzen (trotz) in der Pandemie. Impulse und Methoden für die pädagogische Praxis. Frankfurt a. M.

Mendel, Meron/Uhlig, Tom David (2020): Bildungsarbeit gegen Antisemitismus. In: Berkessel u. a. (Hrsg.): Demokratie als Gesellschaftsform. 7. Jahrbuch Demokratiepädagogik. Frankfurt a. M., S. 250 ff.

Meyer, Gunnar (2018): Antisemitismus vs. Rassismus? Gemeinsamkeiten und Unterschiede. In: Sara Nussbaum Zentrum für Jüdisches Leben (Hrsg.): Zwischen Anfeindung und Solidarität – Antisemitismus aus Sicht der jüdischen Community. Kassel.

Noack, Anna (2011): Das »Olweus Anti-Bullying-Programm« gegen Mobbing in der Schule. In: Rademacher/Altbenburg-van-Dieken, S. 95–105.

Nussbaum, Martha C. (2016): Nicht für den Profit! Warum Demokratie Bildung braucht. Mühlheim a. d. Ruhr.

Olweus, Dan (1995): Gewalt in der Schule. Was Lehrer und Eltern wissen sollten – und tun können. Bern.

Philipp, Elmar/Rademacher, Helmolt (2010): Konfliktmanagement im Kollegium. Arbeitsbuch mit Modellen und Methoden. Weinheim und Basel.

Pogrebinschi, Thamy (2018): Was wir von Dewey für die Demokratie im 21. Jahrhundert lernen können. www.Theorieblock.de, Aufruf am 11.5.2018.

Poitzmann, Nikola (2018): Texting + Sex = Sexting. In: Hessische Lehrerzeitung (HLZ) 1/2-2018, S. 10 f.

Poitzmann, Nikola/Sicking, Peter/Lions Deutschland (2019): Prävention in der Schule – Praxisorientierte Informationen und Hinweise für Schulleitungen anhand des Beispiels Lions-Quest. Wiesbaden.

Piontek, Regina/Rademacher, Helmolt (2020): Demokratiebildung in der dritten Phase der Lehrkräftebildung. Materialien zum 16. Kinder- und Jugendbericht. Deutsches Jugendinstitut München (unter Mitwirkung von Timm Benjamin Schützhofer).

Politische Bildung (2017): Fake news – Propaganda, Desinformation, Verschwörung, Heft 4/17.

Prengel, Annedore (2020): Destruktive Beziehungen in pädagogischen Arbeitsfeldern – Empirische und theoretische Zugänge, www.paedagogische-beziehungen.eu, Fachliteratur, wissenschaftliche Studien, Aufruf am 11.3.2021.

Rademacher, Helmolt (2019a): Demokratielernen in der Zuwanderungsgesellschaft. In: Ziehm, Jeannette/Voet Cornelli, Barbara/Menzel, Birgit/Goßmann, Martina (Hrsg.), Schule migrationssensibel gestalten. Impulse für die Praxis. Weinheim, S. 77–91.

Rademacher, Helmolt (2019b): Mediation in der Schule. In: Gloe, Markus/Rademacher, Helmolt, Demokratische Schule als Beruf, S. 258–265.

Rademacher, Helmolt (2018): Demokratiepädagogik in Deutschland – Eine Zwischenbilanz, in: Klasse leiten, Heft 3/2018, Seelze, S. 8 – 10.

Rademacher, Helmolt (2016): Zur Bedeutung der Haltung in der Friedens- und Demokratiepädagogik In: Rademacher, Helmolt/Wintersteiner, Werner (Hrsg.), Jahrbuch Demokratiepädagogik 4 – Friedenspädagogik und Demokratiepädagogik. Schwalbach/Ts.

Rademacher, Helmolt (2015): Das beratungsNetzwerk hessen – Beratung und Intervention gegen Rechtsextremismus. In: Jahrbuch Demokratiepädagogik 3. Demokratiepädagogik und Rechtsextremismus, S. 225 ff.

Rademacher, Helmolt (2014): Kinderrechte und demokratische Schulentwicklung – am Beispiel des hessischen Projekts Gewaltprävention und Demokratielernen. In: Edelstein/Krappmann/Student, S, 94–104.

Rademacher, Helmolt (2006): Prävention durch Entwicklung von Konfliktkultur. In: Bundesministerium der Justiz, Projekt Primäre Prävention von Gewalt gegen Gruppenangehörige – insbesondere junge Menschen. Band 1, Berlin, S. 12–136.

Rademacher, Helmolt (2001): Der systemische Ansatz in der Mediation – das hessische Modell »Mediation und Schulprogramm«. In: Walker, Jamie (Hrsg.): Mediation in der Schule. Konflikte lösen in der Sekundarstufe I. Berlin, S. 25 ff.

Rademacher, Helmolt/Altenburg-van Dieken, Marion (Hrsg.) (2011): Konzepte zur Gewaltprävention in Schulen – Prävention und Intervention. Berlin.

Rademacher, Helmolt/Wilhelm, Maria (2016): Miteinander – über 90 interkulturelle Spiele, Übungen, Projektvorschläge für die Klassen 5–10. Berlin.

Rademacher, Helmolt/Wilhelm, Maria (2009): Spiele und Übungen zum interkulturellen Lernen. Berlin.

Rech, Stefan (2008): Interkulturelle Pädagogik – ambivalente Bindestrichdisziplin im Lichte von Konflikt- und Gewaltpädagogik. In: Schröder et al., Handbuch Konflikt- und Gewaltpädagogik, S. 381–394.

Rolff, Hans-Günter (2010): Schulentwicklung als Trias von Organisations-, Unterrichts- und Personalentwicklung. In: Bohl, Thorsten/Helsper, Werner/Holtappels, Heinz Günter/Schelle, Carla (Hrsg.), Handbuch Schulentwicklung. Bad Heilbrunn, S. 29–36.

Rumpf, Horst (1981): Die übergangene Sinnlichkeit. Drei Kapitel über die Schule. München.

Sander, Wolfgang (2021): Identität statt Diskurs? Diskursivität in der politischen Bildung und ihre Gefährdungen. In: Pädagogische Rundschau 3/21, S. 293–306.

Schröder, Achim/Rademacher, Helmolt/Merkle, Angela (Hrsg.) (2008): Handbuch Konflikt- und Gewaltpädagogik – Verfahren für Schule und Jugendhilfe. Schwalbach/Ts.

Schubarth, Wilfried (2020): Gewalt und Mobbing an Schulen. Möglichkeiten der Prävention und Intervention (4. Auflage). Stuttgart.

Schubarth, Wilfried/Gruhne, Christina/Zylla, Birgitta (2017): Werte machen Schule. Lernen für eine offene Gesellschaft (Brennpunkt Schule). Stuttgart.

Sliwka, Anne/Frank, Susanne/Grieshaber, Christian (2009): Demokratisches Sprechen. In: Edelstein/Frank/Sliwka, Praxisbuch Demokratiepädagogigk, S. 193–233.

Stein, Hans-Wolfram (2016): Demokratisch handeln im Politikunterricht. Projekte zur »Demokratie als Herrschaftsform«. Schwalbach/Ts.

Steinweg, Reiner (2008): »Gewalt hat viel mit Deutungshoheit zu tun«. Interview mit Reiner Steinweg über Lehrstückarbeit und Theaterpädagogik. In: Schröder, Achim/Rademacher, Helmolt/Merkle, Angela (Hrsg.), Handbuch Konflikt- und Gewaltpädagogik. Schwalbach, S. 241 ff.

Steppich, Günter (2011): Umgang mit Gewalt in digitalen Medien. In: Rademacher, Helmolt/Altenburg-van Dieken, Marion, S. 83–94.

Student, Sonja (2014): Schule als »Haus der Kinderrechte«. In: Edelstein/Krappmann/Student, S. 68–75.

Sturzenhecker, Benedikt (2019): Begriffsvielfalt, Entgrenzung, Aufmerksamkeitskultur. Kommentare zur neuen Unübersichtlichkeit auf dem Arbeitsfeld der politischen Bildung. In: Journal für Politische Bildung, Heft 2/19, S. 10–15.

Teune, Simon (2018): Warum wir nicht vom »Extremismus« reden sollten. In: von Drachenfels, Magdalena/Offermann, Philipp/Wunderlich, Carmen

(Hrsg.): Radikalisierung und De-Radikalisierung in Deutschland – eine gesamtgesellschaftliche Herausforderung. Frankfurt a. M., S. 5–10.

Tillmann, Klaus-Jürgen/Holler-Nowitzki, Birgit/Holtappels, Heinz Günter/Meier, Ulrich/Popp, Ulrike (1999): Schülergewalt als Schulproblem. Verursachende Bedingungen, Erscheinungsformen und pädagogische Handlungsperspektiven. Weinheim und München.

Veith, Hermann (2016): Zur Reform des Systems der schulischen Leistungsbeurteilung. In: Rademacher, Helmolt/Wintersteiner, Werner, Jahrbuch Demokratiepädagogik 4, Friedenspädagogik und Demokratiepädagogik, Schwalbach/Ts., S. 128–135.

Wachs, Sebastian/Hess, Markus/Scheithauer, Herbert/Schubarth, Wilfried (2016): Mobbing an Schulen. Erkennen – Handeln – Vorbeugen (Brennpunkt Schule). Stuttgart.

Walker, Jamie (Hrdg.) (2001): Mediation in der Schule. Konflikte lösen in der Sekundarstufe I. Berlin.

Wawretschek-Wedemann, Jutta (2013): Schulische Gewaltprävention – Abbau sozialer Benachteiligung durch Schulentwicklung. Frankfurt a. M.

Welsch, Wolfgang (1995): Transkulturalität. In: Zeitschrift für Kulturaustausch, 45. Jg., 1/95, S. 39–44.

Wettstein, Alexander/Scherzinger, Marion (2019): Unterrichtstörungen verstehen und wirksam vorbeugen (Brennpunkt Schule). Stuttgart.

Widmaier, Benedikt/Zorn, Peter (Hrsg.) (2016): Brauchen wir den Beutelsbacher Konsens? Eine Debatte der politischen Bildung. Bonn.

Wild, Christian (2020): Prozessentwicklungsgruppen in Hessen. In: Berkessel u. a. (Hrsg.), Demokratie als Gesellschaftsform. Frankfurt a. M., S. 287 ff.

Wild, Christian (2013): Schülerfeedback als Element der Unterrichtsentwicklung. In: Berkessel, Hans/Beutel, Wolfgang/Faulstich-Wieland, Hannelore/Veith, Hermann, Jahrbuch Demokratiepädagogik, Neue Lernkultur – Genderdemokratie. Schwalbach/Ts., S. 223–229.

Wintersteiner, Werner (2021a): Die Welt neu denken lernen – Plädoyer für eine planetare Politik – Lehren aus Corona und anderen existenziellen Krisen. Bielefeld.

Wintersteiner, Werner (2021b): Global Citizenship Education – Politische Bildung in Zeiten der Globalisierung. In: Beutel u. a., Handbuch Demokratiepädagogik, i. E., Frankfurt a. M.

Zusammenleben neu gestalten (2021): Die Corona-Krise als Herausforderung für Demokratie- und Menschenrechtsbildung – Angebote für Multiplikator*innen in der (politischen Bildungs-)Arbeit mit Kindern und Jugendlichen, Frankfurt a. M. https://www.degede.de/wp-content/uploads/2021/01/zng-broschuere-corona-demokratie-menschenrechte-bildungspaket.pdf

Literatur

Zusammenleben neu gestalten (2019a): Konfliktkultur!?! Anregungen zum Umgang mit Othering und Anfeindungen. Frankfurt a. M.

Zusammenleben neu gestalten (2019b): Teilhabekultur – Anregungen zur Gestaltung partizipativer Räume in der pluralen Gesellschaft. Frankfurt a. M.

www.ihra Aufruf am 14.7.2021 über www.anders-denken.info/informieren/ «arbeitsdefinition-antisemitismus«-ihra

www.klicksafe.de Aufruf am 18.2.2021

https://de.wikipedia.org/wiki/Interkulturelles_Lernen; Aufruf am 16.3.2021 um 9:46 Uhr

www.jerusalemdeclaration.org Aufruf am 30.4.2021